Droemer
Knaur®

Wolf Uecker

DINNER FOR ONE

Ein Küchensolo

Droemer Knaur

CIP-Titelaufnahme der Deutschen Bibliothek

Uecker, Wolf:
Dinner for one : e. Küchensolo / Wolf Uecker. – München :
Droemer Knaur, 1988
ISBN 3-426-26356-4

© Droemersche Verlagsanstalt Th. Knaur Nachf., München 1988
Das Werk einschließlich aller seiner Teile ist urheberrechtlich
geschützt. Jede Verwertung außerhalb der engen Grenzen des
Urheberrechtsgesetzes ist ohne Zustimmung des Verlages unzulässig
und strafbar. Das gilt insbesondere für Vervielfältigungen,
Übersetzungen, Mikroverfilmungen und die Einspeicherung und
Verarbeitung in elektronischen Systemen.
Einbandgestaltung: Graupner + Partner, München
Satz und Druck: Appl, Wemding
Aufbindung: Großbuchbinderei Sigloch, Künzelsau
Printed in Germany   5 4 3 2 1
ISBN 3-426-26356-4

Gebrauchsanweisung
(Nur für Individualisten)

Über das Leben Alleinstehender, über die Probleme des Einpersonenhaushaltes gibt es viele pessimistische Betrachtungen.
So recht verständlich ist das allerdings nicht. Da reden die Leute immer von der Sehnsucht nach Freiheit, und wenn sie ihr begegnen – bei den Singles nämlich –, schlagen sie eine Tonart an, als würden sie einen Krankenbesuch machen.
Ist das Leben eines Alleinwohnenden etwa traurig? Sieht man von den steuerlichen Ungerechtigkeiten ab – woran soll es denn fehlen?
Langeweile? Dumme Leute langweilen sich in jeder Lebensform.
Alles alleine machen? Als ob die, die in Gruppen leben, alles gemeinsam besorgen.
Zu den Annehmlichkeiten, die der Nur-für-sich-Verantwortliche jeden Tag hat, kommt mit dem DINNER FOR ONE jetzt ein Ratgeber für zeitsparendes Kochen dazu.
Jetzt können Sie sich, auch wenn Sie abends um elf noch Appetit kriegen, viele leckere Dinge in weniger als 10 Minuten zubereiten.
Was, glauben Sie, ist in einem Vierpersonenhaushalt los, wenn einer gegen Mitternacht noch was Schnuckliges essen möchte!
Was Ihnen mit Sicherheit passieren wird: Wenn sich Ihr perfektes Koch-Solo erst herumspricht, werden immer wieder Leute ›zufällig‹ vor Ihrer Tür stehen. Die essen zu Hause nämlich schlechter.
Behandeln Sie diesen Ratgeber als Notizbuch für die Küche. Was Ihnen an Variationen zu Rezepten einfällt –

schreiben Sie es ins Buch hinein. Zettelwirtschaft ist sinnlos. Man findet Lose-Blatt-Notizen nie dann, wenn man sie braucht. Ein paar Anmerkungen habe ich selbst gleich noch handschriftlich eingefügt. Setzen Sie das ohne Hemmungen fort.
Eine Voraussetzung für Ihr Wohlbefinden ist, daß die Küche einmal mit dem notwendigen Zubehör ausgestattet wird. Und daß die kleinen Standard-Vorräte zur Hand sind. Details dazu finden Sie in den Kapiteln ›Küchenausstattung ohne Firlefanz‹, ›Vorräte für jede Küche‹, ›Kräuter und Gewürze‹ und in der ›Mini-Bar‹.

Merke: Gebrauchsspuren sind Auszeichnungen für einen Küchenratgeber!

Wolf Uecker

Worauf haben Sie Appetit?

Superschnell

Kalte Küche

Sandwiches Sandwich Avocado 15 Snack mit Eiern und Käse 16 Erdbeer-Toast 17 Frühlings-Sandwich 18 Liptauer Käse 19 Imbiß mit Romadur 20 Roquefort-Sandwich 21 Tatar vom Harzer 22 Sandwich mit Thunfisch 23

Salate Chicorée als Dip 24 Rosa Fleischsalat 25 Grapefruit Washington 26 Krabbensalat 27 Mais-Salat 28 Matjes-Salat, dänisch 29 Korsische Tomatenmahlzeit 30 Zuckererbsen-Salat 31

Suppen Bulgarische Gurkensuppe auf Eis 32

Fruchtig-Süßes Apfel-Becher 33 Erdbeeren mit Zwieback 34

Warme Küche

Sandwiches Sandwich Corned beef, überbacken 35 Sandwich Emmentaler 36 Pilz-Toast 37 Sandwich Räucherfisch mit Rührei 38 Spiegeleier mit Knoblauchbrot 39 Toast italienisch 40

Suppen Kerbelsuppe 41 Krebssuppe 42 Tomatensuppe I 43

Omelett Käse-Omelett 44 Klassisches Omelett 45 Spaghetti-Omelett 46 Speck-Omelett 47

Tellergerichte Eier in Gemüse 48 Bunte Fleischwurstpfanne 49 Käse-Rösti 50 Käse-Schnitzel 51 Krabben in Sahne 52 Krabben-Teller 53 Kräuter-Leber 54 Kresse-Kartoffeln 55 Makkaroni spezial 56 Mozzarella, gebacken 57 Pilzgemüse 58 Zucchini, ausgebacken 59 Zuckererbsen-Gemüse 60

Süßes Apfelkaramel mit Vanilleeis 61 Buttermilchflinsen 62

10–20 Minuten

Kalte Küche

Salate Champignon-Salat 65 Weißer Bohnensalat mit Thunfisch 66 Hähnchen-Salat 67 Krabben und Fenchel 68 Tomatensalat 69 Bayerischer Wurstsalat 70 Wurstsalat mit Radieschen 71

Käsegerichte Bayrischer Obatzter 72 Handkäs mit Musik 73 Käsesnack 74 Bunter Schweizer 75

Spezialitäten Carpaccio 76 Rote-Bete-Kaltschale 77 Kaltschale von Zuckererbsen 78

Warme Küche

Sandwiches Austernpilz-Toast 79 Sandwich Cheddar 80 Käse-Schinken-Toast 81 Sandwich Sauerkraut 82 Steinpilz-Toast 83 Sandwich mit Thunfisch 84

Gemüse Rote-Bohnen-Suppe 85 Chicorée, gebacken 86 Fenchel Mailänder Art 87 Gurkensuppe 88 Saarländer Käse-Apfel 89 Kartoffel-Tortilla 90 Lauch-Gratin 91

Geschmorte Paprika, Tomaten und Zwiebeln 92 Pilz-Teller 93 Rosenkohl 94 Tomatensuppe II 95 Zucchinisuppe 96

Omelett Champignon-Omelett mit Bückling 97 Krabben-Crêpes 98 Nudel-Omelett 99 Salami-Pfannkuchen 100

Teigwaren Bandnudeln in Knoblauchsauce 101 Basilikum-Spaghetti 102 Breite Nudeln mit Lachssahne 103 Spaghetti Pescatore 104 Superscharfe Makkaroni (all'arrabbiata) 105 Tortellini mit Kräutersahne 106

Fleisch Deutsches Beefsteak (Hacksteak) 107 Blutwurst mit Äpfeln 108 Cordon bleu 109 Curry-Hähnchen 110 Hack und Fenchel 111 Jungrindleber in Senfrahmsauce 112 Kalbsschnitzel in Petersiliensahne 113 Kalbsschnitzel natur 114 Kotelett à l'orange 115 Lammfleisch chinesisch 116 Leber in Vinaigrette 117 Geschnetzeltes Putenfleisch 118 Putensteak mit Käse 119 Rindfleisch-Pfanne 120 Schnitzel Parmigiano 121 Schweinekotelett natur 122 Schweineschnitzel pikant 123 Steaks italienisch 124 Steak mit Kruste 125 Wiener Schnitzel 126 Würziges Schweinefleisch 127 Zehn-Minuten-Gulasch 128

Spezialitäten Apfel mit Butter und Cognac 129 Bauernfrühstück 130 Dicke Bohnen, italienisch 131 Dorsch oder Kabeljau mit Zitrone 132 Gemüsereis 133 Käse-Gratin 134 Reste-Essen mit Kochfisch 135 Rührei mit Aubergine 136 Rührei mit geräuchertem Lachs 137

20–40 Minuten

Warme Küche

Gemüse Grüne Bohnen, überbacken 141 Grüne Bohnen in Tomatensauce 142 Blumenkohl, deutsch oder italienisch 143 Frische Erbsensuppe 144 Geschmorte grüne Erbsen mit Schinken 145 Laucheintopf 146 Lauchsuppe 147 Maiskolben, gekocht 148 Rosenkohl auf Mailänder Art 149 Gefüllte Tomaten 150 Provenzalische Tomaten 151

Kartoffelgerichte Bouillonkartoffeln 152 Kräuter-Stampfkartoffeln 153 Bratkartoffeln aus gekochten und aus rohen Kartoffeln 154 Rösti 156 Neue Kartoffeln mit Gurkenjoghurt 157

Fisch Fischfilet in Folie 158 Kabeljau italienisch 159 Rotbarsch mit Petersilie 160 Kräuter-Forelle 161 Pfannfisch 162 Provenzalische Fischpfanne 163

Fleisch Filetsteak, gekocht 164 Hähnchenkeulen rustikal 165 Sesam-Hähnchen 166 Jägerfilet 167 Kalbsgeschnetzeltes 168 Saure Nieren 169 Tiroler Leber 170 Putenleber, gebraten 172 Rostbraten mit mitgebratenen Kartoffeln 173 Rinderrouladen 174 Reis mit Schweinefleisch 176 Schweinefleisch-Curry 177 Schweinekotelett in Zwiebelgemüse 178 Steak mit Wildreis und Salat 179 Zwiebeltopf 180

Spezialitäten Bratäpfel 181 Sonntags-Eier-Brunch 182 Entenbrust in Honigessig 183 Flädlesuppe 184 Schwäbischer Kartoffelsalat 185 Gebackener Lauch 186 Matjes-Salat mit Paprika 187 Möhren-Apfelsinen-Kaltschale

188 Kalte Möhrensuppe 189 Glasierte Schalotten 190 Tomatensuppe III 191 Zwiebel-Kaltschale 192

Gourmet-Küche

Pikante Buttermischungen Sardellenbutter 195 Meerrettichbutter 195 Knoblauchbutter 196 Kräuterbutter 196 Senfbutter 197 Pfifferlingsbutter 197 Currybutter 198 Tomatenbutter 198

Salate Broccoli mit Krabben und Johannisbeer-Dressing 199 Chicoréesalat 200 Curryreis-Salat 201 Fenchelsalat 202 Schneller Fleischsalat 203 Lauchsalat 204 Panzanella (italienischer Brotsalat) 205 Rotkrautsalat 206 Spargelsalat 207 Spinatsalat 208 Zucchini mit Basilikumsahne 209 Zucchini mit saurer Dillsahne 210

Saucen Béchamelsauce 211 Dillsauce 212 Haselnußsauce 213 Käsesauce 214 Madeirasauce 215 Kalte Minzsauce 216 Sauce für Obstsalat 217 Paprikasauce 218 Pilzsauce 219 Kalte Senfsauce 220 Warme Senfsauce 221 Schmorapfel-Sauce 222

Fleisch Heißes Eiernest 223 Fleischbällchen italienisch 224 China-Hähnchen 225 Gänseklein mit Petersiliensauce 226 Gebratene Hasenkeulen 228 Venezianische Leber 229 Schweinefilet mit Backpflaumen 230

Gemüse Rosenkohl, orientalisch 231 Maisvesper 232

Dessert Birnen-Dessert 233 Kirschen in Himbeersauce 234 Nuß-Frucht-Salat 235 Rhabarber-Kaltschale 236 Rote Grütze aus Saft 237 Wildreis-Pfannküchlein mit Ahornsirup 238

Grundrezepte und Tips

Kartoffeln Salzkartoffeln 241 Kartoffelpüree 242 Pellkartoffeln 243

Eier Eier kochen 244 Grundrezept für Spiegeleier 245 Klassische Rühreier 246

Reis, richtig gekocht 247

Teigwaren, richtig gekocht 248

Fünf Beilagen für Nudeln und Spaghetti Auberginen, gebraten 250 Gekochte Muscheln 251 Schinken-Erbschen 252 Thunfisch 253 Zucchini, gebraten 254

Tiefgefrieren: Die kalte Seite im Single-Haushalt

Molkereiprodukte 256 Gemüse 257 Fleisch 259 Geflügel und Wildgeflügel 261 Fische und Schalentiere 262 Auf Vorrat zubereitet 264

Vorschläge für den Vorrat in der Tiefkühltruhe Rinder-, Kalbs- und Hühnerbouillon 266 Buletten auf Vorrat 268

Küchenausstattung ohne Firlefanz

Herd 269 Töpfe 269 Kühlschrank 269 Küchenzubehör: die profanen Helfer 271 Messer 275 Vorräte für jede Küche 277

Kräuter und Gewürze

Basilikum 279 Beifuß 280 Bohnenkraut 280 Borretsch 280 Cayennepfeffer 280 Chili 281 Currypulver 281 Dill 282 Estragon 282 Fenchel 282 Ingwer 283 Kapern 283 Kerbel 283 Knoblauch 283 Koriander 284 Kreuzkümmel 284 Kümmel 284 Kurkuma 285 Liebstöckel 285 Lorbeerblatt 285 Majoran 285 Meerrettich 286 Minze 286 Muskatnuß 286 Oregano 286 Paprika 287 Petersilie 287 Pfeffer 287 Piment 288 Rosmarin 288 Safran 289 Salbei 289 Sauerampfer 289 Sellerie 290 Thymian 290 Wacholder 290 Zitronenmelisse 291

Die Mini-Bar

Ausstattung 293 Gläser 294 Getränke 295 Mixmaße 295

16 Mixvorschläge zum Üben Martini-Cocktail 296 Pink Gin 296 Manhattan Dry 297 Wermut Cassis 297 Kir Cassis 297 Kir Royal 298 Jack Rose 298 Daiquiri 298 Gin Tonic 299 Screwdriver 299 Cuba Libre 299 Singapore Sling 300 Planter's Punch 300 Pharisäer 301 Hot Gin Toddy 301 Hot Milk Punch 302

Sachregister 305

Erklärung der Zeichen und Abkürzungen

▬	=	Kalte Küche
▬	=	Warme Küche
✗	=	Menge für 1 Person
✗ ✗	=	Menge für 2 Personen
❉	=	Zum Einfrieren geeignet
g	=	Gramm
EL	=	Eßlöffel
TL	=	Teelöffel
Tasse	=	Normale Kaffeetasse

Superschnell

Sandwich Avocado

1 reife Avocado, halbieren, entkernen,
Fruchtfleisch auslösen
1 TL Zitronensaft
1 kleine Tomate, in Scheiben schneiden
1 EL feingehackte Frühlingszwiebel
Pfeffer, Salz

Avocado mit Zitronensaft, Pfeffer und etwas Salz würzen. Auf zwei Brotscheiben streichen (keine Butter, Avocado enthält genug Fett!). Tomatenscheiben und Zwiebelwürfel darauf verteilen.

Super-schnell

Snack mit Eiern und Käse

2 hartgekochte Eier, fein hacken
4 EL geriebener Käse
2 eingelegte Paprikaschoten, fein würfeln
2 EL Butter, handwarm
Salz
weißer Pfeffer
1 Prise Zucker

Weiche Butter und Gewürze cremig rühren. Eier, Käse und Paprikawürfel unterheben, auf Pumpernickel streichen.

Sandwiches 17

Erdbeer-Toast

100 g Erdbeeren
100 g Quark
1 EL Butter
weißer Pfeffer
Salz

Leicht geröstetes Toastbrot mit Butter bestreichen und dick mit Quark belegen. Salzen. Erdbeeren halbieren und fächerförmig drauflegen. Pfeffer darübermahlen.

Zwieback geht auch!

Super-schnell

Super-schnell

Frühlings-Sandwich

1 Kohlrabiknolle, geraspelt
1 kleiner Becher Sahnequark
1 EL feingeschnittener Schnittlauch
1 EL feingewiegte glatte Petersilie
Pfeffer, Salz

2 Brotscheiben buttern und mit grobgeraffeltem Kohlrabi belegen. Sahnequark mit Schnittlauch, Petersilie, Salz und Pfeffer verrühren. Über die Kohlrabistücke häufen.

Sandwiches

Liptauer Käse

250 g Quark (½ Mager-, ½ Sahnequark)
1 mittelgroße Zwiebel, fein hacken
75 g Butter
1½ TL Paprika, edelsüß
1 Prise Paprika, scharf (oder Cayennepfeffer)
Salz, weißer Pfeffer

Butter in einer kleinen Pfanne zerlaufen lassen (nicht bräunen!). Zwiebel, Paprika unter den Quark rühren, Butter dazumischen, salzen, pfeffern. Konsistenz muß leicht schaumig sein. Auf Schwarzbrot ohne Butter streichen.
Liptauer Käse hält sich im Kühlschrank drei Tage, ohne Zwiebel eine Woche.

auch zu Pellkartoffeln gut!

Super-schnell

Superschnell

Sandwiches

Imbiß mit Romadur

1 Romadur
½ Salatgurke
1 Zwiebel
1 EL Weinessig
2 EL Öl
je ¼ TL Salz und Pfeffer
1 EL gehackte Petersilie
2 Scheiben Bauernbrot
2 TL geriebener Meerrettich
1 Bund Radieschen, in Scheiben schneiden

Käse und Zwiebel sowie Salatgurke – ohne Schale und Kerne – fein würfeln. Mit Essig, Öl, Gewürzen und Petersilie mischen.
Brote mit Butter bestreichen. Meerrettich daraufstreuen. Dann das Käsegemisch darübergeben.
Die Brote in Stücke schneiden und mit Radieschenscheiben verzieren.

Roquefort-Sandwich

50 g Roquefort, mit Gabel zerdrücken und mit
4 EL Sahne verrühren
1 EL gehackte glatte Petersilie
schwarzer Pfeffer
1 EL gesalzene Nüsse

Käse-Sahnegemisch mit Petersilie vermengen. Pfeffern. Auf gebutterte Brotscheiben streichen. Nüsse in ein Tuch falten, mit dem Hammer grob zerschlagen und auf das Sandwich streuen.

Super-schnell

Sandwiches

Tatar vom Harzer

125 g reifer Harzer Käse
4 EL weiche Butter
1 große Zwiebel
1 Eigelb
¼ TL Senf
½ TL Paprikapulver (Delikateß)

Harzer mit einer Gabel zerdrücken und gründlich mit der Butter und dem Eigelb vermischen. Zwiebel schälen, fein hacken und den Senf und das Paprikapulver dazugeben. Alles mit der Käsemasse gut verrühren. Ist der Geschmack zu kräftig, mit süßer oder saurer Sahne verfeinern.
Dazu Roggenbrot oder Pumpernickel.

Sandwiches 23

Sandwich mit Thunfisch

1 kleine Dose Thunfisch, abtropfen, zerpflücken
1 Zwiebel, würfeln
1 Stange Staudensellerie, fein schneiden
1 kleiner Apfel, schälen, entkernen, würfeln
½ Becher saure Sahne
schwarzer Pfeffer
Salz

Zwiebel, Sellerie und Apfel mit dem Thunfisch und der sauren Sahne vermengen. Pfeffern, salzen. Brotscheiben dazu.

Super-schnell

Chicorée als Dip

2 Stangen Chicorée
2 EL Tomatensauce oder Ketchup
Tabasco

Blätter einzeln lösen. Kalte Tomatensauce mit 2 Spritzern Tabasco im Wasserglas verrühren. Jedes Blatt mit dem unteren Ende eintauchen.

Salate

Rosa Fleischsalat

150 g Schweinebraten, in Streifen schneiden
50 g Fleischwurst, in Streifen schneiden
1 kleines Glas rote Bete, in Streifen schneiden
2 Gewürzgurken, würfeln
1 Zwiebel, würfeln
2 hartgekochte Eier, hacken
4 EL Crème fraîche
Salz, Pfeffer
1 Kästchen Kresse

Crème fraîche mit 3 EL Rote-Bete-Saft, Salz und Pfeffer verrühren. Unter die zerkleinerten Zutaten mischen. Auf zwei Teller verteilen. Gehackte Eier und Kresse darüberstreuen.
Frische Roggenbrötchen dazu.
Im Kühlschrank 2 Tage haltbar.

geht auch mit fertigem Fleischsalat - dann nur mit den Eiern und der Kresse verfeinern.

Super-schnell

Salate

Grapefruit Washington

1 Grapefruit
1 TL Senf
1 TL Johannisbeergelee
½ Südweinglas Sherry
Salz
weißer Pfeffer aus der Mühle

Die Grapefruit halbieren, mit einem spitzen scharfen Messer das Fleisch aus den Feldern lösen und wieder einsetzen.
Aus den Zutaten eine Sauce rühren, über die Grapefruithälften gießen und 5 Minuten in den Kühlschrank stellen.
Dazu gebuttertes Weißbrot.
(Nach Alfred Walterspiel)

Salate 27

Super-schnell

Krabbensalat

200 g Nordseekrabben
1 hartgekochtes Ei, kleinhacken
3 EL Sahne
1 EL Tomatenketchup
1 TL Zitronensaft
1 Spritzer Tabasco
Salz, Pfeffer

Die Krabben mit dem zerkleinerten Ei vermischen. Sahne mit den übrigen Zutaten verrühren und über die Krabben geben. Vorsichtig unterheben. Das Ganze auf Salatblättern anrichten.
Roggentoast dazu reichen.

Super-schnell

Mais-Salat

1 Maiskolben oder Maiskörner aus der Dose
1 rote Gemüsepaprika, in kurze, dünne Streifen schneiden
1 EL Essig
2 EL Öl
Zucker
Salz, Pfeffer

Die Maiskörner mit einem scharfen Messer vom Kolben schaben. In wenig gesalzenem und gezuckertem Wasser 4–5 Minuten kochen. Abtropfen lassen und mit einer Marinade aus Essig, Öl, Salz und Pfeffer vermengen.

Dosenware nicht kochen. Gläsen extra fein eignen sich auch.

Matjes-Salat, dänisch

2 Matjesfilets, abgetropft in Streifen schneiden
½ Gewürzgurke, schälen, kleinhacken
½ Apfel, schälen und würfeln
½ rote Zwiebel, würfeln
¼ Becher Sahne, cremig schlagen
½ TL Meerrettich
Pfeffer
1 TL Preiselbeeren

Gewürzgurke, Apfel und Zwiebel unter die Matjesstreifen mischen. Die Sahne mit Pfeffer und dem Meerrettich würzen, über die Zutaten geben und mit den Preiselbeeren krönen.

Super-schnell

Korsische Tomatenmahlzeit

250 g Tomaten, in Scheiben schneiden
1 Zwiebel, hacken
2 Knoblauchzehen, hacken
½ Bund Petersilie, hacken
2 EL Kapern, abtropfen lassen
6 schwarze Oliven, entsteinen
2 EL Olivenöl
Pfeffer, Salz

Die Tomaten salzen und leicht pfeffern. Zwiebel, Knoblauch, Petersilie, Kapern und Oliven darauf verteilen und das Olivenöl darüberträufeln.
Frischen Ziegen- oder Schafskäse und Brot dazu reichen.

Salate

Zuckererbsen-Salat

Die Schoten haben keine innere Pergamenthaut und können, solange sie jung sind, ganz gegessen werden. Fäden müssen abgezogen werden.
Zuckererbsen 2–3 Minuten in kochendem Wasser blanchieren. Eiskalt abspülen. Mit Biß schmecken sie am besten.

250 g Zuckererbsen, blanchieren
1 große Tomate, entkernen und fein würfeln
1 Handvoll Champignons, in Scheiben schneiden
Schnittlauch
Salatsauce

Zuckererbsen mit Tomate und Champignons vermengen. Mit Schnittlauch und Salatsauce anrichten.

Super-schnell

Superschnell

Bulgarische Gurkensuppe auf Eis

1 Becher Joghurt
½ Tasse Milch
½ kleine Salatgurke, grob raspeln
2 TL Dill, Petersilie oder Minze, fein wiegen
1 kleine Knoblauchzehe, zerdrücken
1 TL Weinessig
2 EL gestoßenes Eis
Salz

Joghurt mit Milch verrühren. Gurke und Kräuter, die zerdrückte Knoblauchzehe und den Essig einrühren. Mit Salz abschmecken. Vor dem Essen eine Handvoll Eiswürfel im Küchenhandtuch mit dem Hammer kleinschlagen. Eissplitter in die Schüssel geben und mit der Suppe vermischen. Schwarzbrot und gesalzene Butter dazu.

schmeckt auch im Winter!

Fruchtig-Süßes

Apfel-Becher

1 Apfel
2 cl Apfelkorn
2 TL Johannisbeergelee
1 EL Vanillesaucenpulver, nach Packungsvorschrift kalt anrühren

Apfel mit Schale grob raspeln und sofort mit dem Apfelkorn begießen. In ein Dessertglas füllen, mit dem Gelee bestreichen und mit der Vanillesauce übergießen.
30 Minuten in den Kühlschrank.

Super-schnell

Fruchtig-Süßes

Erdbeeren mit Zwieback

250 g Erdbeeren, waschen, kleinschneiden
2 Zwiebäcke, in kleine Stücke brechen
⅛ l Milch
1½ EL Zucker
4 EL Sesam

Erdbeeren in eine Schüssel geben. Milch und Zukker verrühren. Über die Früchte gießen. Mit dem Zwieback belegen. Sesam in einer Pfanne ohne Fett goldgelb rösten und obendrüber streuen.

Sandwich Corned beef, überbacken

2 Scheiben Roggenbrot
2 Scheiben Corned beef
4 EL Weinkraut aus der Dose oder loses Sauerkraut
2 Scheiben Edamer Käse

Brotscheiben buttern, mit je 1 Scheibe Corned beef belegen. Darauf je 2 EL Weinkraut häufen und mit 1 Käsescheibe zudecken. Im Ofen auf Blech bei 220 Grad 8 Minuten überbacken.

Super-schnell

Sandwich Emmentaler

2 Scheiben Weißbrot
¾ Tasse Milch
100 g geriebener Emmentaler
1 Ei
weißer Pfeffer
2 EL Butter

Weißbrotscheiben in Milch wenden. Käse mit dem Ei und frisch gemahlenem Pfeffer verrühren, auf die Brotscheiben streichen. Mit der bestrichenen Seite nach unten in Butter goldgelb braten, wenden und 3 Minuten weiterbraten. Sofort servieren.
Dazu grüner Salat.

Sandwiches

Pilz-Toast

1 kleine Dose Mischpilze, abtropfen lassen
(wahlweise 125 g frische Pfifferlinge)
1 EL gehackte Zwiebel
1 Bund glatte Petersilie, fein wiegen
1 EL Butter
2 EL Parmesan, gerieben
Salz, schwarzer Pfeffer

Pilze ohne Fett bei größter Hitze in der Pfanne eindämpfen. Danach Butter, Petersilie, Zwiebel einrühren, 4 Minuten schmoren lassen. Mit Pfeffer und Salz abschmecken. Auf 2 Scheiben Toastbrot verteilen. Mit Parmesan bestreuen.

Super-schnell

Super-schnell

Sandwiches

Sandwich Räucherfisch mit Rührei

3 Eier, verquirlen, pfeffern, salzen
1 EL Butter
125 g Räucherfisch, klein zupfen
1 EL Schnittlauch, fein schneiden

Butter bei Mittelhitze zerlassen. Eier zugeben. Unter Rühren stocken lassen. Fisch untermischen. Auf gebutterte Brotscheiben geben. Mit Schnittlauch bestreuen.

Sandwiches 39

Spiegeleier mit Knoblauchbrot

2 junge Zwiebeln, in Scheiben schneiden
½ EL Butter
1 EL Öl
2 Scheiben Kastenweißbrot, würfeln
1 Knoblauchzehe, zerdrücken
2 Eier
Salz, Pfeffer

Zwiebelscheiben in Öl und Butter glasig dünsten. Dann Brotwürfel und Knoblauch mitbraten. Eier nebeneinander darauf aufschlagen, salzen, pfeffern. Bei geschlossenem Deckel 5 Minuten braten.

Super-schnell

Sandwiches

Toast italienisch

2 Scheiben Weißbrot
1 EL Olivenöl
50 g Schinkenwürfel
1 kleine Tomate, in Scheiben schneiden
½ Mozzarella-Käse
1 TL Oregano
Pfeffer, Salz

Brotscheiben im Öl mit etwas Salz auf einer Seite anrösten. Dann auf der anderen Seite mit Schinkenwürfeln, Tomatenscheiben und zerpflücktem Mozzarella belegen. Pfeffern. Oregano darüberstreuen. Auf dem Blech im vorgeheizten Backofen bei 250 Grad (Mittelschiene) 6–8 Minuten überbacken.

Kerbelsuppe

1 Bund Kerbel, fein schneiden
1 Eigelb
1 EL Dosenmilch
¼ l heiße Rinderbrühe (Instant)
weißer Pfeffer

Einen Teelöffel gehackten Kerbel mit der Rinderbrühe kurz aufkochen lassen.
Den restlichen Kerbel mit dem Eigelb und der Dosenmilch in einer kleinen Schüssel verrühren. Eine Prise weißen Pfeffer dazu. Die Rinderbrühe unter Rühren in die Schüssel geben.

Super-schnell

Suppen

Krebssuppe

2 EL Krebspaste
2 Tassen Wasser
¼ Tasse Crème fraîche oder Dosenmilch
4 EL Erbschen aus der Dose (ohne Flüssigkeit)
1 EL Cognac
Pfeffer, Salz

Krebspaste mit Wasser und Sahne heiß auflösen. Erbschen einrühren, in kleine Schüssel füllen. Den Cognac einrühren. Nach Geschmack würzen.

Suppen 43

Tomatensuppe I

1 kleine Dose Tomatensuppe
½ Bund Schnittlauch, fein schneiden
3 EL Sahne oder Dosenmilch
1 Schnapsglas Gin
Pfeffer, Salz

Doseninhalt mit der Sahne aufkochen lassen. Vom Feuer nehmen. Schnittlauch und Gin einrühren. Pfeffern und salzen.

Super-schnell

Käse-Omelett

3 Eier
1 EL Milch
100 g Schafskäse, kleinschneiden
1 EL Butter
1 TL Thymian
Salz, Pfeffer

Eier mit Milch und Pfeffer verrühren. Käse einrühren, salzen. Fett erhitzen, Eimasse eingießen und zugedeckt stocken lassen. Mit Thymian bestreuen.

statt Schafskäse Edelpilzk.

Klassisches Omelett

2 Eier
1 EL Mineralwasser
1 EL Butter
1 Prise Salz
1 Prise Muskat

Eier mit Mineralwasser, Salz und Muskat verquirlen.
Butter zerlassen und gleichmäßig über den Pfannenboden verteilen. Eimasse dazugeben. Bei großer Hitze etwa 1 Minute stocken lassen. Hitze sofort reduzieren.
Omelettmasse vorsichtig zur Mitte schieben. Von beiden Seiten zur Mitte zuklappen.
So schmeckt das Omelett als Beilage zu Spargel, Kalbfleisch, Nierchen oder Pilzen sehr gut.
Will man's als Nachtisch: Vor dem Zusammenklappen mit Zucker oder Konfitüre bestreichen.

Super-schnell

Omelett

Spaghetti-Omelett

200 g gekochte Spaghetti (auch vom Vortag) X
3 EL Olivenöl
3 Eier
3 EL geriebener Käse
2 EL gehackte Petersilie
100 g gekochter Schinken, würfeln
1 EL Tomatenmark
Pfeffer, Salz

Butter in einer Pfanne erhitzen, die Spaghetti hineingeben. Geriebenen Käse mit den Eiern, Tomatenmark, Pfeffer, Salz und der Petersilie verschlagen. Über die Nudeln gießen. Wie einen Eierkuchen von beiden Seiten goldbraun braten. Mit den Schinkenwürfeln bestreuen.

x jede Art von gekochten Teigwaren eignet sich

Omelett

Speck-Omelett

50 g Schinkenspeck, würfeln
3 Eier
1 EL Milch
Pfeffer

Schinkenwürfel in einer Pfanne bei kleiner Hitze langsam knusprig braten. Inzwischen Eier mit Milch und Pfeffer verquirlen. Die Eimasse über den Speck in die Pfanne gießen. Das Omelett auf jeder Seite 3 Minuten backen.

Super-schnell

Eier in Gemüse

1 Zwiebel, kleinschneiden
1 Paprikaschote, kleinschneiden
1 Fenchelknolle, kleinschneiden
1 EL Butter
4 Eier, verquirlen
1 EL Reibekäse
1 EL Schnittlauch
Salz, Pfeffer

Zwiebel, Paprikaschote und Fenchelknolle in Butter in der Pfanne weich dünsten. Salzen und pfeffern. Die Eimasse eingießen und unter Rühren stocken lassen. Mit Schnittlauch bestreuen. Wer's mag, gibt noch Käse darüber.

Tellergerichte 49

Bunte Fleischwurstpfanne

100 g Fleischwurst in Scheiben
1 EL Öl
1 Zwiebel, in Ringe schneiden
1 Paprikaschote, in dünne Streifen schneiden
1 kleine Zucchini, ungeschält in dünne Scheiben schneiden
2 große Scheiben Brot
2 Eier
1 EL Butter
Salz, Pfeffer

Wurstscheiben ohne Fett anbraten. Beiseite stellen. In derselben Pfanne im Öl Zwiebelringe, Paprikastreifen und Zucchinischeiben 5 Minuten dünsten. Salzen und pfeffern. Spiegeleier in Butter braten. Brot mit Wurst, Gemüse und Spiegelei belegen.

Super-schnell

Super-schnell

Tellergerichte

Käse-Rösti

4 Pellkartoffeln (oder Salzkartoffeln vom Vortage), grob raffeln
100 g Emmentaler, grob raffeln
Salz, Pfeffer
Majoran
2 EL Butter

Kartoffeln und Käse mischen, mit Salz, Pfeffer und Majoran würzen. Butter in einer Pfanne erhitzen und Kartoffelmasse hineingeben. Mit einem Löffel etwas zusammenschieben und andrücken. Von beiden Seiten braun braten. Zum Wenden einen größeren Topfdeckel zur Hilfe nehmen.

Käse-Schnitzel

2 fingerdicke Scheiben fester Schnittkäse (z.B. mittelalter Gouda, Greyerzer oder Appenzeller)
1 Ei, verquirlen
1½ EL Mehl
2 EL Semmelmehl
1 EL Öl

Die Käsescheiben zuerst in Mehl, dann in verquirltem Ei und danach in Semmelmehl wenden. Öl in der Pfanne erhitzen und die Käse-Schnitzel von jeder Seite etwa 1 Minute goldbraun braten. Eventuell noch etwas Chutney.

Rotwein dazu!

Super-schnell

Krabben in Sahne

125 g Krabben
1 TL Butter
½ Knoblauchzehe, zerdrücken
2 EL Crème fraîche
½ TL Tomatenmark
1 TL Cognac
weißer Pfeffer
Salz
Zitronensaft

Butter in einer Pfanne erhitzen. Knoblauch dazugeben. Crème fraîche und Tomatenmark hinzufügen und aufkochen. Die Krabben 2 Minuten darin schmoren. Mit Cognac, Pfeffer, Salz und Zitronensaft würzen.
Dazu Weißbrot.

Tellergerichte

Krabben-Teller

1 Tasse Weißbrotwürfel
50 g frische Nordseekrabben
1 Scheibe gekochter Schinken, in feine Streifen schneiden
1 Gemüsepaprika, in feine Streifen schneiden
1 dünne Stange Lauch, in feine Streifen schneiden
2 EL Sojasauce
2 EL Öl

Öl in einer Pfanne erhitzen. Weißbrotwürfel, Schinkenstreifen, Lauch und Paprika dazugeben und 3 Minuten braten. Mit der Sojasauce die Krabben unterheben und bei geschlossenem Deckel kurz erhitzen.

Super-schnell

Super-schnell

Kräuter-Leber

200 g Putenleber, in Streifen schneiden
1 Bund glatte Petersilie, grob hacken
1 Bund Schnittlauch, fein schneiden
1 EL Öl
½ Glas Weißwein
Salz, frisch gemahlener Pfeffer

Leber im Öl rundherum etwa 3 Minuten braten. Salzen, pfeffern. Kräuter und Weißwein hinzufügen. Alles etwa 2 Minuten schmoren.
Dazu Weißbrot.

Tellergerichte

Super-schnell

Kresse-Kartoffeln

250 g Kartoffeln (mehlige Sorte), würfeln
½ Tasse Milch
1 TL Butter
1 Prise Muskat
Salz, Pfeffer
2 Handvoll Kresse, fein schneiden

In die Milch Butter, Muskat, Salz und Pfeffer einrühren. Kartoffelwürfel darin etwa 10 Minuten ohne Deckel kochen. Dabei öfter umrühren. Die Kresse unterheben.
Mit Spiegelei servieren.

Super-schnell

Makkaroni spezial

125 g gekochte Makkaroni (auch vom Vortag)
1 EL Butter
50 g grobgehackte Walnüsse
50 g gekochter Schinken, würfeln
knapp ⅛ l Schlagsahne
1 Bund Basilikum, kleinzupfen
Pfeffer, Salz

Butter erhitzen. Nüsse 1 Minute darin dünsten. Schinken, Sahne, Salz und Pfeffer hinzufügen. Aufkochen. Die gekochten und abgetropften Makkaroni mit dem Basilikum unterheben.

Mozzarella, gebacken

1 Paket Mozzarella, in dicke Scheiben schneiden
1 Ei, verquirlen
2 EL Semmelmehl
2 EL Öl
Salz, Pfeffer
einige Sardellenfilets und Oliven

Mozzarellascheiben pfeffern und salzen. Zuerst in verquirltem Ei, dann in Semmelmehl wenden. Bei starker Hitze in Öl bis zur Bräunung braten. Mit Sardellenfilets und Oliven anrichten.

Superschnell

Pilzgemüse

200 g Austernpilze, in Streifen schneiden
1 EL Butter
1 große Tomate, würfeln
2 EL Sahne
1 Stengel Basilikum, fein hacken
Pfeffer, Salz

Die Pilze unter Wenden 3 Minuten in Butter dünsten. Danach Tomate, Sahne und Basilikum hinzufügen. Das Pilzgemüse in der geschlossenen Pfanne 5 Minuten schmoren, anschließend pfeffern und salzen. Dazu schmeckt Stangenweißbrot.

Tellergerichte 59

Super-schnell

Zucchini, ausgebacken

2 kleine Zucchini, ungeschält in Scheiben schneiden
1 Ei, verquirlen
1 EL gehackte Petersilie
2 EL Semmelmehl
1 EL Öl
Pfeffer, Salz
Zitronensaft

Die Zucchinischeiben salzen, pfeffern und nacheinander in verquirltem Ei, der Petersilie und dem Semmelmehl wenden. In einer Pfanne in Öl goldbraun braten. Mit Zitronensaft beträufeln.

Zuckererbsen-Gemüse

Die Zuckerschoten haben keine innere Pergamenthaut und können, solange sie jung sind, ganz gegessen werden. Fäden müssen abgezogen werden. Zuckererbsen 2–3 Minuten in kochendem, leicht gesalzenem Wasser blanchieren. Kalt abspülen. Mit Biß schmecken sie am besten.

250 g blanchierte Zuckererbsen
1 kleine Zwiebel, in Würfel schneiden
50 g Schinkenspeck, in Streifen schneiden
4 EL Sahne
Salz, Pfeffer
1 Prise Zucker
1 EL Butter

Zwiebel und Schinkenspeck in Butter dünsten. Die Erbsen hinzufügen und Sahne angießen. Salzen, pfeffern, Prise Zucker dazu und einmal aufkochen.

Süßes 61

Apfelkaramel mit Vanilleeis

1 EL Butter
1 Apfel, schälen, ohne Gehäuse in fingerdicke Scheiben schneiden
1 Banane, in Scheiben schneiden
1 EL brauner Zucker
Vanilleeis

Butter in Pfanne erhitzen. Obstscheiben und Zucker hineingeben. Zudecken und unter gelegentlichem Rütteln 7 Minuten schmoren.
Heiß über das Vanilleeis geben.

Super-schnell

Buttermilchflinsen

125 g Weizenmehl
2 kleine Eier
½ l Buttermilch
1 Prise Salz
2 EL Butter
Zucker zum Bestreuen

Aus Weizenmehl, Eiern, Buttermilch und der Prise Salz einen glatten Teig rühren.
1 EL Butter in großer Pfanne erhitzen, 1 große Kelle voll Teig hineingeben und in 3 Minuten bei großer Hitze einen Pfannkuchen backen. Bei Halbzeit wenden. Warm stellen.
Den Vorgang (mit 1 EL Butter) wiederholen. Flinsen mit Zucker bestreuen.
Konfitüre oder Blaubeeren schmecken als Beilage gut.

Eigenes Rezept 63

Super-schnell

Super-schnell

64 — **Eigenes Rezept**

10–20 Minuten

Champignon-Salat

125 g Champignons, in hauchdünne Scheiben schneiden
1 EL glatte Petersilie, feingehackt
2 EL Sahne oder Dosenmilch
2 EL Zitronensaft
1 EL Öl
2 TL Estragonsenf
weißer Pfeffer aus der Mühle
Salz

Senf, Sahne, Zitronensaft, Öl, Salz und Pfeffer in einem Schraubglas mixen (schütteln).
In einer Schüssel Champignons und Petersilie in der Sauce wenden, 20 Minuten ziehen lassen.
Dazu getoastete Weißbrot-Dreiecke, mit Knoblauch abgerieben. Butter erst bei Tisch aufstreichen.
Der Salat hält sich im Kühlschrank 2 Tage.

Weißer Bohnensalat
mit Thunfisch

10–20 Minuten

1 kleine Dose weiße Bohnen (ca. 250 g), Flüssigkeit abgießen
1 Dose Thunfisch, Öl abtropfen lassen und zerkleinern
1 EL Weinessig
Salz
frisch gemahlener Pfeffer
1 TL Senf
1 Zwiebel, in halbe Ringe schneiden
3 EL Öl
1 Bund Petersilie, grob hacken

Essig, Salz, Pfeffer, Senf und Zwiebel verrühren, das Öl unterschlagen, Bohnen unterheben. Den Bohnensalat auf zwei Teller verteilen. Thunfisch und Petersilie darauf anrichten.
Hält sich 2 Tage im Kühlschrank.

auch mit roten Bohnen gut!

Hähnchen-Salat

½ gebratenes Hähnchen (fertig kaufen)
1 rote Zwiebel, in dünne Ringe schneiden
1 Bund glatte Petersilie, fein hacken
2 Scheiben Ananas aus der Dose, würfeln
50 g Walnußkerne, grob hacken
½ Becher Crème fraîche
1 EL Zitronenmelisse, fein hacken
je 1 Prise Zucker, Salz und Pfeffer
etwas Zitronensaft

Hähnchenfleisch ohne Haut zerkleinern. Alle anderen Zutaten mischen und zu einer Sauce verrühren. Unter das Fleisch geben.
Dazu paßt Baguette.

10–20 Minuten

Krabben und Fenchel

100 g Krabben
1 Fenchelknolle, sehr fein hobeln
1 Apfel, kleinwürfeln
1 rote Zwiebel, kleinwürfeln
1 Grapefruit, schälen
1 Becher Sahnejoghurt
Salz, Pfeffer, Zucker
2 Stengel Dill, zupfen und kleinschneiden

Aus der Grapefruit das Fruchtfleisch zwischen den Trennwänden herausschneiden (filieren). Alles Kleingeschnittene in eine Schüssel füllen, Joghurt, Salz und Pfeffer untermischen, mit Zucker abschmecken. Krabben und feingeschnittenen Dill darüberstreuen.

Salate

Tomatensalat

10–20 Minuten

2 große Fleischtomaten, gewaschen, ohne Stielansätze
4 EL Olivenöl
1–2 EL Wein- oder Kräuteressig
2 EL in Streifen geschnittenes Basilikum
1 kleine Zwiebel, fein hacken
1 Prise Zucker
Salz
schwarzer Pfeffer aus der Mühle
(nach Geschmack können auch 1 EL feingeschnittener Schnittlauch oder andere Kräuter verwendet werden).

Tomaten am Stengelansatz kreuzweise einschneiden, dann 30 Sekunden in kochendem Wasser brühen, kalt abschrecken und die Haut abziehen. Die grünroten italienischen Salattomaten verwendet man mit Schale.
Zwiebel, Öl, Essig, Salz, Pfeffer und Zucker verrühren.
Tomaten in dünne Scheiben schneiden, mit Dressing vermengen und 5 Minuten stehen lassen. Vor dem Servieren Basilikumstreifen untermischen.
Sehr gut schmecken auch mit der Hand gezupfte Mozzarella-Flocken auf dem Salat.

Salate

Bayerischer Wurstsalat

10–20 Minuten

100 g Preßkopf, ohne Haut, klein würfeln
100 g Sülze, klein würfeln
150 g Fleischwurst (oder harte Blutwurst), ohne Haut, klein würfeln
1 Zwiebel, in halbe Ringe schneiden
2 EL glatte Petersilie, fein hacken
3 EL Essig
5 EL Öl
1 TL körniger Senf
1 Prise Zucker
grober schwarzer Pfeffer
Salz

Essig, Öl, Salz, Pfeffer, Zucker, Zwiebel, Petersilie und Senf zu einer Sauce verrühren.
Wurst in die Sauce geben, mindestens 20 Minuten ziehen lassen.
Dazu frische, gebutterte Roggenbrötchen.
Im Kühlschrank 2 Tage haltbar.

Salate

Wurstsalat mit Radieschen

10–20 Minuten

150 g Fleischwurst (Breslauer), in Scheiben schneiden und vierteln
1 Bund Radieschen, in Scheiben schneiden
1 Zwiebel, fein würfeln
1 EL Essig
2 EL Öl
grober, schwarzer Pfeffer
je 1 Prise Zucker und Salz

Fleischwurst, Radieschen und Zwiebelwürfel vermischen.
Essig, Öl und Gewürze in kleiner Schüssel miteinander gründlich verrühren. Über die Wurst gießen und ziehen lassen.
Dazu Vollkornbrot mit gesalzener Butter.

Bayrischer Obatzter

10–20 Minuten

½ Camembert, der nicht zu frisch sein darf (für einen etwas kräftigeren Geschmack gibt man etwas Limburger oder Romadur hinzu, für milderen Geschmack Doppelrahmfrischkäse oder Quark)
1 Zwiebel, kleinhacken
1 EL Butter

Zutaten mit der Gabel gründlich vermischen. Dazu je nach Geschmack:
geschroteter Pfeffer (im Mörser zerkleinert)
Paprikapulver, edelsüß
Kümmelpulver
1 Eigelb
kleingehackte grüne oder rote frische Paprikaschoten. Mit der Käsemasse vermischen.
Mit Brot servieren.

Handkäs mit Musik

10–20 Minuten

Musik
1 Zwiebel, fein würfeln
2 EL Olivenöl
1 EL Rotweinessig
schwarzer Pfeffer, Salz

Zwiebel mit Essig und Öl mit der Gabel gut durchrühren. Salzen und pfeffern. Bei Zimmertemperatur ziehen lassen.

1 reifer Handkäs, ca. 125 g
2 EL weiche Butter

Handkäs mit Gabel zerdrücken, dabei die Butter in kleinen Stücken mit einarbeiten. Dann die Musik mit dem Käsemus mischen.
Dazu gebuttertes Bauernbrot.

Käsesnack

10–20 Minuten

100 g Rahmfrischkäse
1 Ecke Schmelzkäse
½ Tasse Sahne, steif schlagen
1 EL Sherry (Cream)
1 EL feingehackte Petersilie
1 EL eingelegter grüner Pfeffer, zerdrücken

Die beiden Käsesorten zuerst mit der Gabel zerdrücken und dann mit dem Handmixer cremig rühren. Geschlagene Sahne darunterheben. Sherry in die Creme einrühren. Mit gehackter Petersilie und grünem Pfeffer bestreuen.
Dazu frisches Brot – grau und schwarz.

Käsegerichte

Bunter Schweizer

10–20 Minuten

125 g Schweizer Käse, in feine, streichholzlange Streifen schneiden
100 g Fleischwurst, wie den Käse schneiden
½ grüne oder rote Paprikaschote, entkernen und in sehr kleine Würfel schneiden
1 EL Essig
2 EL Öl
½ TL Zucker
Salz, schwarzer Pfeffer

Käse, Wurst und Paprika durcheinandermischen. Aus den anderen Zutaten eine Marinade rühren. Mit dem Käse vermengen und bei Zimmertemperatur 10 Minuten ziehen lassen.

Carpaccio

150 g Rinderfilet, hauchdünn schneiden lassen
frischer Parmesankäse
1 TL Essig
2 EL Olivenöl
6 schwarze Oliven, entsteinen, vierteln
Salz, frisch gemahlener Pfeffer

Die rohen Filetscheiben nebeneinander auf flachen Teller legen, salzen, pfeffern und mit Essig und Öl beträufeln. Den Käse darüberstreuen und mit schwarzen Oliven garnieren. Dazu Weißbrot. Will man das Filet selber schneiden, vorher im Tiefkühlfach anfrieren lassen.

Rote-Bete-Kaltschale

10–20 Minuten

1 kleines Glas eingelegte rote Bete (etwa 200 g Einwaage)
1 Schalotte, fein hacken
1 kleine Knoblauchzehe, zerdrücken
Salz
weißer Pfeffer
1 Prise Zucker
1 Bund Dill, zupfen
100 g Crème fraîche mit
½ Tasse Milch verrühren

Rote Bete mit Handmixer pürieren. Crème-fraîche-Milch einrühren.
Schalotten, Knoblauch und Dill untermengen, mit Salz, reichlich Pfeffer und Zucker abschmecken. Gekühlt servieren.
Dazu frisches Roggenbrot mit Meerrettichbutter (Rezept S. 195).
Hält sich im Kühlschrank 3 Tage.

Kaltschale von Zuckererbsen

10–20 Minuten

½ l Rinder- oder Hühnerbrühe (Instant), abgekühlt
500 g ganz junge flache Schoten, Fäden abziehen
2 TL Zucker
½ TL Estragonblätter
1 Zweig Bohnenkraut oder ½ TL Thymian
½ Bund glatte Petersilie, fein hacken
Salz
weißer Pfeffer aus der Mühle

Alle Zutaten außer der Petersilie in der Bouillon zugedeckt 15 Minuten kochen lassen.
Gemüse mit dem Schaumlöffel herausnehmen. Bohnenkraut wegwerfen. Alles andere mit etwas Kochflüssigkeit mit Mixer fein pürieren. Nach dem Pürieren die Petersilie zufügen und Püree wieder in die Bouillon einrühren.
Mit wenig Salz und Pfeffer abschmecken.
In den Kühlschrank stellen. Eiskalt servieren.
Tiefgekühlt 8 Monate haltbar.

Sandwiches

Austernpilz-Toast

10–20 Minuten

200 g Austernpilze
1 Frühlingszwiebel, kleinschneiden
1 EL Butter
½ Bund Schnittlauch, fein schneiden
Salz, Pfeffer

Austernpilze und Zwiebel unter gelegentlichem Wenden etwa 10 Minuten in Butter dünsten, würzen. Pilze auf 2 Weißbrotscheiben verteilen, Schnittlauch darüberstreuen.

Außer Pfifferlinge eignen sich auch alle anderen Pilze.

10–20 Minuten

Sandwich Cheddar

2 dicke Scheiben Cheddarkäse
1 kleine Tomate, in Scheiben schneiden
Pfeffer, Salz
⅛ Butter (62,5 g)

2 Weißbrotscheiben mit Butter bestreichen und mit je 1 Scheibe Cheddar belegen. Darauf Tomatenscheiben, frisch gemahlenen Pfeffer und Salz streuen. Mit je einer Scheibe Brot zudecken. Von oben nochmals mit Butter bestreichen.
Im Ofen bei 250 Grad etwa 10 Minuten (Mittelschiene) goldgelb backen.

Käse-Schinken-Toast

10–20 Minuten

2 Scheiben gekochter Schinken
100 g geriebener Käse, z.B. Emmentaler
frisch gemahlener Pfeffer
2 EL Crème fraîche

2 Scheiben Vollkornbrot oder Weißbrot mit Schinkenscheiben belegen. Den geriebenen Käse mit Pfeffer und Crème fraîche verrühren. Auf den Schinken streichen. Im vorgeheizten Backofen bei 225 Grad etwa 12 Minuten (Mittelschiene) goldgelb backen.

Sandwich Sauerkraut

6 EL Weinkraut aus der Dose oder loses Sauerkraut
1 EL Sonnenblumenkerne
2 Scheiben mittelalter Gouda

2 Vollkornbrotscheiben buttern, dick mit Sauerkraut belegen und mit Sonnenblumenkernen bestreuen. Mit je 1 Scheibe Gouda abdecken. Bei 250 Grad ca. 5–6 Minuten (Mittelschiene) überbacken.

Steinpilz-Toast

10–20 Minuten

200 g Steinpilze (oder Champignons), in Scheiben schneiden
1 EL Butter
1 EL Olivenöl
1 Bund glatte Petersilie, fein hacken
1 kleine Knoblauchzehe, zerdrücken
2 TL Zitronensaft
etwas Crème fraîche
Salz, weißer Pfeffer

Pilze in Olivenöl anbraten. Salzen, pfeffern und 10 Minuten offen schmoren. Danach Petersilie, Knoblauchzehe und Zitronensaft unterrühren. Auf in der Butter geröstete Graubrotscheiben geben und je 1 TL Crème fraîche daraufsetzen.

10–20 Minuten

Sandwich mit Thunfisch

2 TL Butter
2 Scheiben Weißbrot
4 Scheiben Schmelzkäse
1 Tomate, in Scheiben schneiden
1 kleine Dose Thunfisch, abtropfen, zerpflücken
1 Zwiebel, in halbe Ringe schneiden
etwas Pfeffer und Thymian
Salz

Den Boden einer Pfanne mit Butter einstreichen. Die Brotscheiben nebeneinander hineinlegen. Darauf Käse- und Tomatenscheiben, abgetropften Thunfisch und die Zwiebelringe schichten. Mit Pfeffer, Salz und Thymian würzen. Die Brote in der zugedeckten Pfanne bei kleiner Hitze etwa 15 Minuten backen.

Gemüse

Rote-Bohnen-Suppe ✕ ✕ ❄

250 g gemischtes Hackfleisch
1 kleine Dose rote Bohnen (Kidney beans)
1 kleine Dose Tomaten, zerkleinern
1 Zwiebel, würfeln
2 EL Öl
1 TL Majoran
Salz, wenig Cayennepfeffer oder Chilisauce oder
½ TL Paprika, scharf

Zwiebelwürfel und Hackfleisch in Öl anbraten. Mit Salz, Cayennepfeffer und Majoran würzen. Bohnen und Tomaten mit der Flüssigkeit dazugeben.
15 Minuten offen kochen.

Thymian oder Oregano oder Bohnenkraut geht auch!

Chicorée, gebacken

10–20 Minuten

3 Chicorée, 8 Minuten in Salzwasser dünsten
2 EL Schinkenwürfel
1 EL Semmelmehl
1 EL Parmesan oder anderer geriebener Käse
1 EL Sahne
Pfeffer, Salz

Gedünstete Chicoréestauden in eine kleine Auflaufform legen. Mit einer Mischung aus gewürfeltem Schinken, Semmelmehl und geriebenem Käse bedecken. Würzen. Mit Sahne beträufeln.
Bei 220 Grad im vorgeheizten Ofen auf der Mittelschiene 10 Minuten backen.

Vorher den bitteren Kern vom Chicorée mit spitzem Messer entfernen!

Gemüse

Fenchel Mailänder Art

10–20 Minuten

1 Fenchelknolle, hobeln
2 EL Parmesan
1 Bund glatte Petersilie, Blätter fein hacken
2 EL Butter
Salz, Pfeffer

Fenchelstücke 10 Minuten in Salzwasser kochen, abgetropft in eine Schüssel legen.
Den Käse und die Petersilie mit Butter in der Pfanne aufschäumen lassen und über den Fenchel gießen.

Gemüse

10–20 Minuten

Gurkensuppe

½ Salatgurke, schälen, längs halbieren, entkernen und in kleine Stücke schneiden
knapp ¼ l Wasser
1 EL Butter
2 TL Mehl
1 TL gekörnte Brühe
3 EL geriebener Gouda
1 EL Dill
1 TL feingehackter Kerbel oder Borretsch
1 Prise Zucker
Salz und weißer Pfeffer

Gurkenstücke im Handmixer pürieren. Das Püree mit dem Wasser auffüllen.
Butter bei kleiner Hitze zerlassen, Mehl einstreuen, mit dem Schneebesen verrühren und eine helle Schwitze herstellen. Mit dem Gurkenmix ablöschen, die gekörnte Brühe zugeben und 5 Minuten kochen lassen. Rühren.
Geriebenen Gouda darunterrühren, mit den kleingeschnittenen Kräutern und den Gewürzen abschmecken.
Statt Gouda schmecken auch andere geriebene Schnittkäsesorten. Parmesan eignet sich nicht.

Saarländer Käse-Apfel

10–20 Minuten

1 mittelgroßer grüner Apfel (leicht säuerlich)
Zitronensaft
50 g Brie, würfeln
1 kleines Ei
1 EL Sahne
1 EL Milch
Salz, Pfeffer
Muskat
1 TL Butter
3 EL Weißwein
1 EL Zucker, in ¼ Tasse warmem Wasser auflösen

Vom Apfel am Stielende eine dicke Kappe abschneiden, Kerngehäuse und etwas Fruchtfleisch herausschneiden. Apfelinneres mit Zitronensaft bestreichen. Fruchtfleisch würfeln, zusammen mit gewürfeltem Brie in das Apfelinnere füllen. Ei mit Sahne und Milch verschlagen, würzen. Dann langsam in den Apfel gießen, Kappe wieder aufsetzen, mit Zuckerwasser bestreichen. In feuerfeste Schüssel stellen, Butter und Weißwein dazugeben. Im vorgeheizten Backofen bei 180 Grad 15 Minuten ausbacken.
Dazu Roggenbrot mit gesalzener Butter.

10–20 Minuten

Kartoffel-Tortilla

3 mittelgroße Pellkartoffeln, in dünne Scheiben schneiden
1 große Zwiebel, würfeln
1 EL Öl
2 Eier
Salz
Chilipulver

Zwiebel in Öl glasig dünsten. Kartoffeln dazugeben. Eier, Salz und etwas Chilipulver in 1 EL Wasser verquirlen und darübergießen. Tortilla in der geschlossenen Pfanne bei kleiner Hitze ca. 10 Minuten stocken lassen.
Dazu paßt Tomaten-, Gurken- oder grüner Salat.

Lauch-Gratin

500 g Lauch, nur das Weiße in 1 cm dicke Scheiben schneiden
2 Eier
⅛ l Milch
Pfeffer, Salz
3 EL geriebener Käse, z. B. Emmentaler oder Gouda
150 g Kasseler, kleinschneiden

Lauch in wenig kochendem Salzwasser 1 Minute blanchieren, kalt abschrecken. Ofen auf 200 Grad vorheizen. Eier, Milch, Pfeffer, Salz und geriebenen Käse verquirlen. Lauch und Kasseler unterheben. In feuerfeste gefettete Form füllen. Auf Mittelschiene 15 Minuten backen.

10–20 Minuten

Gemüse

Geschmorte Paprika, Tomaten und Zwiebeln

10–20 Minuten

3 Zwiebeln, in dünne Scheiben schneiden
2 grüne Paprikaschoten, waschen, entkernen, in Würfel schneiden
1 rote Paprikaschote, waschen, entkernen, in Würfel schneiden
4 Tomaten, enthäuten, entkernen, grob hacken
Salz
schwarzer Pfeffer
2 TL Wein- oder Sherry-Essig
2 EL Olivenöl
2 TL Butter
1 TL Zucker
1 TL Rosenpaprika

Öl und Butter in der großen Pfanne erhitzen.
Zwiebeln unter Rühren bei Mittelhitze 5 Minuten leicht bräunen.
Paprikagemüse und -pulver dazugeben und auf kleiner Hitze zugedeckt 10 Minuten schmoren.
Tomaten, Essig, Zucker, Salz und Pfeffer dazugeben und offen unter Rühren 5 Minuten bei kleiner Hitze schmoren.
Bei großer Hitze unter Rühren etwa 3 Minuten einkochen lassen, bis kaum noch Flüssigkeit vorhanden ist.
Dazu Reis.

Pilz-Teller

200 g Champignons, halbieren
50 g Schinkenspeck, würfeln
1 EL Butter
Zitronensaft
Pfeffer
einige Salbeiblätter

Champignons unter Wenden in der Butter 8 Minuten dünsten. Mit Zitronensaft und Pfeffer würzen. Daneben Schinkenspeck knusprig braten. Einige Salbeiblätter mitbraten und ohne das Fett über die Pilze verteilen.
Dazu Baguette.

10–20 Minuten

Rosenkohl

10–20 Minuten

Frost verbessert den Geschmack von Rosenkohl. 20 Minuten nach dem Putzen ins Tiefkühlfach ersetzen den Winter.

250 g Rosenkohl, lockere Blätter entfernen
1 TL Zucker
2 Scheiben durchwachsener Speck, fein würfeln
1 EL Butter oder Gänseschmalz
Salz
schwarzer Pfeffer
1 Messerspitze Muskat

Rosenkohl in ½ l kochendes Salzwasser mit 1 TL Zucker geben und nicht zu weich gar kochen (ca. 10 Minuten). Garprobe durch Biß. Abgießen, abtropfen lassen.
Speck im Topf mit der Butter auslassen, bis er fast kroß wird. Rosenkohl dazugeben. Mit Salz, Pfeffer und Muskat würzen und zugedeckt mit einem Schuß Wasser 2 Minuten dämpfen. Dabei schütteln.
Paßt zu jedem Geflügel und allen kurzgebratenen Fleischsorten. Besonders gut zu Rouladen.

Tomatensuppe II

10–20 Minuten

1 kleine Dose geschälte Tomaten
½ Zwiebel, fein hacken
½ Knoblauchzehe, zerdrücken
½ EL Butter
2½ EL Sahne
½ TL eingelegte grüne Pfefferkörner
Salz, Zucker

Tomaten durch ein Sieb rühren. Zwiebel und Knoblauch in der Butter glasig dünsten. Durchgerührte Tomaten dazugeben und alles 8 Minuten köcheln. Sahne und Pfefferkörner unterrühren, mit Salz und Zucker abschmecken.

10–20 Minuten

Zucchinisuppe

2 mittelgroße Zucchini, mit Schale in Scheiben schneiden
1 Schalotte, klein schneiden
½ l Hühnerbrühe (Instant)
⅛ l Sahne
1 EL Butter
20 g Kerbel, fein hacken
½ TL Zitronensaft
Salz, frisch gemahlener Pfeffer

Die Zucchini mit der Schalotte bei mittlerer Hitze in Butter andünsten. Salzen, pfeffern und mit Zitronensaft beträufeln. Die Brühe dazugießen und die Zucchinisuppe 10 Minuten im geschlossenen Topf sanft kochen. Zum Schluß den Kerbel und die Sahne darunterrühren.

Champignon-Omelett mit Bückling

10–20 Minuten

150 g rosa Champignons, blättrig schneiden
1 TL Butterschmalz
2 Eier mit etwas Milch und
1 EL geriebenem Käse verquirlen
1 kleiner Bückling, enthäuten und entgräten
2 Stengel Basilikum, Blätter klein zupfen
Salz, weißer Pfeffer

Champignons 3 Minuten braten, salzen und pfeffern. Eier über die Pilze gießen. In der geschlossenen Pfanne 5 Minuten bei kleinster Hitze garen. Mit Basilikumblättern und Stücken vom Bückling anrichten.

Krabben-Crêpes

1 Ei
1 EL Mehl
1 Schnapsglas randvoll mit Mineralwasser
Salz
Butter zum Braten
100 g Nordseekrabben
1 EL geriebener Käse
3 EL Sahne

Aus Ei und Mehl, dem Mineralwasser und einer Prise Salz den Teig für die Crêpes mit der Gabel kräftig durchrühren. Mit wenig Butter in der Pfanne zwei hauchdünne Crêpes backen. Mit Käse und Krabben bestreuen, zusammenklappen und in eine feuerfeste Form legen. Mit der Sahne begießen und bei 220 Grad im Ofen auf Mittelschiene 10 Minuten überbacken.

Nudel-Omelett

10–20 Minuten

100 g flache Teigwaren (beliebige Form, auch gekochte vom Vortag sind geeignet)
1 EL Öl
2 Eier
1 TL Zwiebeln, feingehackt
1 TL Petersilie oder Schnittlauch, feingehackt
1 TL Butter
50 g geriebener Käse
Salz

Nudeln 5–10 Minuten, je nach Art, knackig – mit Biß – garen. Dann in einem Sieb abtropfen lassen. Eier mit etwas Salz verquirlen, Zwiebeln und Petersilie oder Schnittlauch darunterrühren.
Öl und Butter in einer Pfanne erhitzen, Nudeln dazugeben, unter Wenden leicht knusprig braten. Eimasse gleichmäßig über die Nudeln verteilen, Käse darüberstreuen und in zugedeckter Pfanne bei geringer Hitze 5 Minuten stocken lassen.
Dazu grüner Salat, Feldsalat oder Radicchio.

10–20 Minuten

Salami-Pfannkuchen

2 gehäufte EL Mehl
2 Eier
¼ Tasse lauwarmes Wasser
3 EL Sahne
50 g Salami, in Streifen schneiden
je 1 Prise Salz und Pfeffer
Öl

Alle Zutaten bis auf die Salami zu einem glatten Teig verrühren. In heißem Öl in der Pfanne nacheinander Pfannkuchen backen: Etwas Teig in die Pfanne geben und sofort mit Salami belegen, solange der Teig noch flüssig ist.

Bandnudeln in Knoblauchsauce

10–20 Minuten

125 g grüne Bandnudeln
2 Knoblauchzehen, zerdrücken
Salz, Pfeffer
1 Eigelb
4 EL Olivenöl
etwas Zitronensaft
½ Bund Petersilie, hacken

Den Knoblauch mit Salz, Pfeffer und Eigelb verrühren. Tropfenweise 2 EL Öl und ein paar Spritzer Zitronensaft hineinrühren. Die Nudeln in viel Salzwasser mit 2 EL Öl 8–10 Minuten kochen, bis sie ›al dente‹ sind. Abtropfen lassen und sofort mit der Knoblauchsauce und der Petersilie mischen.
Rest läßt sich auch nach 2 Tagen in feuerfester Form im Ofen (200 Grad, 10 Minuten) aufwärmen.

Schüssel + Teller warmstellen!

Basilikum-Spaghetti

10–20 Minuten

125 g Spaghetti
1 Bund Basilikum, Blättchen klein zupfen
1 Knoblauchzehe, zerdrücken
Salz
3 EL geriebener Parmesankäse
2 EL Crème fraîche
weißer Pfeffer

Nudeln ›al dente‹ kochen. Abtropfen lassen. Während des Kochens Basilikum und Knoblauch, etwas Salz, Parmesan und Crème fraîche verrühren. Die Sauce unter die Nudeln mischen. Pfeffer darübermahlen. Teller vorwärmen!

Breite Nudeln mit Lachssahne

10–20 Minuten

125 g breite Nudeln
100 g frischer Lachs, in dünne Streifen schneiden
1 Fleischtomate, enthäuten, kleinschneiden
1 TL Butter
½ Tasse Sahne
Salz, Pfeffer

Butter, Lachs, Tomate, Sahne mit Salz und Pfeffer in einer Pfanne dünsten, bis die Sahne sämig ist. Inzwischen die Nudeln ›al dente‹ kochen, abgießen und unter die Lachssahne heben.
Kein Käse dazu!

Rotwein kaufen!

10–20 Minuten

Spaghetti Pescatore

125 g Spaghetti
2 EL Olivenöl
1 Zwiebel, würfeln
1 Knoblauchzehe, zerdrücken
1 kleine Dose geschälte Tomaten
1 Dose Thunfisch, Öl abtropfen lassen
1 EL gehackte Petersilie
1 TL Oregano
Salz, frisch gemahlener Pfeffer

Zwiebelwürfel und Knoblauch in Öl andünsten. Die Tomaten mit der Flüssigkeit und Oregano zugeben und offen etwas einkochen. Thunfisch zerpflücken und hinzufügen. Inzwischen die Spaghetti kochen, abtropfen lassen. Jetzt erst Petersilie an die Sauce.
Getrennt servieren. Ohne Käse!
Schmeckt auch mit Reis statt Spaghetti.

Superscharfe Makkaroni (all'arrabbiata)

10–20 Minuten

125 g kurze Makkaroni (sog. Penne)
2 EL Öl
1 Knoblauchzehe, zerdrücken
1 TL Oregano
1 kleine Dose geschälte Tomaten, mit Saft, zerkleinern
½ Tasse Rotwein
1 Prise Salz
1 Messerspitze Cayennepfeffer
oder ¼ TL gemahlene Peperoni
oder ¼ TL scharfer Paprika
oder ¼ TL scharfe Chilisauce
geriebener Parmesankäse

Öl erhitzen. Knoblauch und Tomaten langsam darin andünsten. Rotwein, Oregano und Salz dazugeben. Alles offen etwa 15 Minuten langsam einkochen.
Die Nudeln kochen, abtropfen lassen und mit der Sauce mischen.
Mit Parmesan bestreuen.

Das gleiche Gericht schmeckt auch mit Reis: 1 Tasse Langkornreis 17 Minuten zugedeckt in kochendem Salzwasser (1 l) garen, Hitze nach 3 Minuten ganz klein stellen, durch Sieb abgießen.
Mit Tomatensauce und Käse mischen.

Tortellini mit Kräutersahne

1 Paket Tortellini (250 g)
1 TL Butter
1 Zwiebel, fein hacken
1 EL gehackte Petersilie
2 Zweige Basilikum, fein zupfen
100 g Lachsschinken, in kurze Streifen schneiden
1 Becher Sahne (150 g)
Salz, Pfeffer

Tortellini nach Anweisung auf der Packung kochen. Inzwischen Zwiebelwürfel in Butter glasig dünsten, Petersilie und Schinkenstreifen hinzufügen, 1 Minute mitdünsten. Salzen, pfeffern und Sahne zugießen. Alles aufkochen, die abgetropften Tortellini unterheben und mit Basilikum mischen.

Deutsches Beefsteak (Hacksteak)

10–20 Minuten

200 g Tatar mit 2 EL kaltem Wasser, schwarzem Pfeffer und Salz verkneten und zu 2 runden, fingerdicken Scheiben formen
1–2 EL Butter
½ Tasse saure Sahne

Butter in der Pfanne erhitzen. Hacksteaks bei großer Hitze von jeder Seite 3–4 Minuten braten. Nach dem Wenden mit Butter begießen.
Steaks herausnehmen und warm stellen. Sahne in den Bratensatz rühren und 3 Minuten bei Mittelhitze einkochen. Über die Steaks geben.
Wer keine Sauce will, ißt zum Beefsteak in Butter und Pflanzenfett (je zur Hälfte) angeröstete Zwiebelringe oder Spiegeleier (Rezept siehe Seite 245).

Blutwurst mit Äpfeln

10–20 Minuten

250 g frische Blutwurst (Grützwurst), enthäuten
2 Äpfel, schälen, entkernen, achteln
1 EL helle Rosinen
3 EL Butter
1 Prise Zimt
Salz, Pfeffer

Äpfel in der Pfanne mit Butter anbraten. Mit einer Prise Zimt würzen. Blutwurst einrühren und kurz mitbraten. Zugedeckt noch 10 Minuten leicht schmoren. Mit Salz und Pfeffer abschmecken.
Dazu Kartoffelpüree mit gebräunten Zwiebelringen.

Cordon bleu

10–20 Minuten

2 hauchdünn geschnittene, gleich große Kalbsschnitzel
1 Scheibe gekochter Schinken
1 Scheibe Allgäuer Emmentaler
1 EL Mehl
1 Ei, verquirlen
1 EL Semmelbrösel
3 EL Butter
Salz
weißer Pfeffer aus der Mühle

Auf 1 Schnitzel je 1 Scheibe Schinken und Käse legen. Mit dem anderen Schnitzel bedecken und mit Holzspießchen zusammenstecken, so daß eine Art Sandwich entsteht. Von außen pfeffern und salzen. Die Holzspießchen mit der Küchenschere so abknipsen, daß sie nicht über das Fleisch hinausragen.
Das Schnitzelpaket leicht mit Mehl bestäuben, im Ei wenden und mit den Semmelbröseln panieren.
Die Butter in der Pfanne bei Mittelhitze zerlassen, Schnitzel darin von jeder Seite 4 Minuten sanft braten. Kleinste Hitze einstellen und zugedeckt noch 3 Minuten weiterbraten lassen.
Dazu passen Salzkartoffeln (Rezept siehe Seite 241) und Gurkensalat.

Curry-Hähnchen

2 Hähnchenkeulen, geräuchert
1 Banane, grob würfeln
1 Apfel, grob würfeln
1 Zwiebel, fein hacken
1 EL Butter
1 EL Currypulver ✗
1 Glas Weißwein
Salz, Pfeffer aus der Mühle

Apfel und Zwiebel im Fett 3 Minuten dünsten. Currypulver unterrühren. Durchschwitzen. Wein angießen, Pfeffer darübermahlen. Hähnchenkeulen daraufgelegen. Zugedeckt 12 Minuten bei Mittelhitze schmoren. Salzen. Zum Schluß Bananenwürfel zufügen.
Dazu Reis.

✗ bei scharfem Curry nur 1 TL

Frische Keulen nur salzen und in Butter von beiden Seiten je 6 Min. braten.

Hack und Fenchel

10–20 Minuten

200 g gemischtes Hackfleisch
1 große Zwiebel, würfeln
2 EL Öl
2 kleine Fenchelknollen, blättrig schneiden
⅛ l trockener Weißwein
¾ Becher saure Sahne
Salz, schwarzer Pfeffer

Zwiebelwürfel in Öl glasig dünsten. Hack dazugeben und unter Wenden scharf anbraten. Fenchel kurz mitdünsten, salzen, pfeffern und den Weißwein zugießen. Dann zugedeckt 10 Minuten schmoren. Vom Herd nehmen und die saure Sahne unterrühren.
Dazu schmecken Salzkartoffeln oder Reis.
Einfrieren ohne Sahne.

Jungrindleber in Senfrahmsauce

10–20 Minuten

2 Scheiben frische Jungrindleber, in dünne Streifen schneiden
2 EL Butterschmalz oder Öl
1 kleine Zwiebel, fein hacken
½ Tasse Sahne
1 TL Senf, extra scharf
½ Tasse Brühe (Instant)
½ TL Stärkemehl, in etwas Brühe lösen
Salz
weißer Pfeffer

Fett in großer Pfanne bei großer Hitze heiß werden lassen. Erst Zwiebeln hineingeben, 4 Minuten später Leber dazugeben und unter Rühren 2 Minuten bei starker Hitze braten. Mit Salz und Pfeffer würzen, herausnehmen und warm stellen.
Brühe, Sahne und Senf in die Pfanne geben, mit Salz und Pfeffer abschmecken und 3 Minuten bei kleiner Hitze unter Rühren einkochen. Stärkemehl einrühren und noch 2 Minuten köcheln lassen. Über die Leber gießen.
Die Leber läßt sich besser schneiden, wenn sie 20 Minuten angefroren wird.
Dazu Petersilienkartoffeln oder Reis.

Fleisch

Kalbsschnitzel in Petersiliensahne

10–20 Minuten

2 Kalbsschnitzel, je 150 g
1 TL Mehl
1 Bund glatte Petersilie, fein hacken
1 Schalotte, fein hacken
1 Tasse Sahne
weißer Pfeffer, Salz

Die Kalbsschnitzel leicht salzen, pfeffern und in Mehl wenden. In heißem Fett von beiden Seiten braten. Inzwischen in einer kleinen Kasserolle die Sahne zusammen mit der Petersilie und der Schalotte 5 Minuten offen köcheln. Sahne mit Pfeffer und Salz abschmecken und zum Fleisch geben.

10–20 Minuten

Kalbsschnitzel natur

1 Kalbsschnitzel, nicht zu dünn
1 Ei
½ EL Mehl
1 Zitronenviertel
2 EL Butter
Salz
weißer Pfeffer

Butter in großer Pfanne heiß werden lassen. Schnitzel ganz leicht mit Mehl einpudern und von beiden Seiten bei Mittelhitze 4–5 Minuten hellbraun braten. Salzen und pfeffern und auf flachen, vorgewärmten Teller legen. Bei 75 Grad im Ofen warm stellen. Wer's mag, preßt die Zitrone über dem Schnitzel aus.
Im Bratenfett 1 Spiegelei braten (Rezept siehe Seite 245). Spiegelei auf das Schnitzel legen.
Reis und alle frischen Salate passen dazu.

Kotelett à l'orange

10–20 Minuten

1 Schweinekotelett
3 TL Schmalz
knapp ⅛ l Orangensaft
½ Apfel, in Spalten schneiden
1 Spritzer Tabasco
Salz, frisch gemahlener Pfeffer

Das Schweinekotelett mit Salz und Pfeffer einreiben und im Schmalz anbraten. Orangensaft und Tabasco dazugeben. Alles offen etwa 10 Minuten schmoren, zwischendurch wenden. Apfelspalten 5 Minuten mitschmoren.
Dazu paßt Reis oder auch Baguette.

10–20 Minuten

Lammfleisch chinesisch

300 g mageres Lammfleisch, kurz anfrieren und in ganz feine Scheiben schneiden
2 EL Sojasauce
½ TL Salz
1 EL trockener Sherry
frisch gemahlener Pfeffer
4 EL Öl
1 Bund Frühlingszwiebeln, nur das Weiße, kleinschneiden
2 Knoblauchzehen, fein hacken

Das Lammfleisch in Sojasauce, Salz, Sherry, Pfeffer und 2 EL Öl 30 Minuten marinieren. Das restliche Öl stark erhitzen. Abgetropftes Fleisch und Knoblauch bei starker Hitze unter Wenden kurz anbraten. Frühlingszwiebeln und den Würzsud hinzufügen. 4 Minuten schmoren.
Dazu Reis.

Fleisch 117

Leber in Vinaigrette

10–20 Minuten

2 dünne Scheiben Kalbsleber
etwas Mehl
1 TL Butter

Sauce:
2 EL milder Weinessig
3 EL Walnußöl
1 Bund Petersilie, fein hacken
Salz, Pfeffer
1 Prise Zucker

Essig und Öl und Petersilie verquirlen. Die Leber hauchdünn mit Mehl bestäuben und in heißem Fett 3 Minuten braten. Salzen, pfeffern und noch in der Pfanne mit der Vinaigrette übergießen. Mit Zucker abschmecken.
Dazu Baguette.

Geschnetzeltes Putenfleisch

250 g Putenbrust, in schmale Streifen schneiden
1 kleine Zwiebel, würfeln
1 EL Butter
125 g rosa Champignons, in Scheiben schneiden
¼ Tasse Hühnerbrühe (Instant)
¼ Tasse Sahne
½ Bund glatte Petersilie, hacken
frisch gemahlener weißer Pfeffer
Salz

Zwiebel im Fett glasig dünsten. Champignonscheiben hinzufügen. Pfeffer darübermahlen. Unter Wenden 3 Minuten braten. Brühe und Sahne hinzufügen, aufkochen. Fleisch dazugeben. Alles offen 10 Minuten köcheln. Zum Schluß die Petersilie unterheben.
Dazu Reis oder Kartoffeln.
Einfrieren ohne Petersilie.

10–20 Minuten

Fleisch

Putensteak mit Käse

10–20 Minuten

1 Putensteak, mit Salz und Pfeffer einreiben
2 EL Öl
1 EL Mehl
1 verquirltes Ei
2 EL geriebener Allgäuer Emmentaler mit
3 EL Semmelmehl vermischen

Öl in der Pfanne erhitzen. Steak erst mehlen, dann in Ei und Semmel-Käse-Mischung wenden.
Steak anfangs bei großer Hitze von beiden Seiten je 3 Minuten knusprig goldbraun braten. Hitze reduzieren. 2 Minuten zugedeckt ruhen lassen.
Dazu grüner Salat.

10–20 Minuten

Rindfleisch-Pfanne

300 g Rinderhack
2 Zwiebeln, fein würfeln
50 g Schinkenspeck, klein würfeln
1 TL Öl
1 TL Mehl
⅛ l Rinderbrühe (Instant)
Cayennepfeffer
Salz
scharfer Senf
Weinessig

Zwiebeln und Schinkenspeck in der Pfanne glasig dünsten. Mehl darüberstäuben und hellbraun braten. Hackfleisch, Brühe, Salz und Pfeffer dazugeben, mit einer Gabel verrühren. Offen schmoren, bis die Flüssigkeit verdampft ist. Mit Senf und Essig abschmecken.

Dazu bunten Reis: 100 g tiefgekühltes Suppengrün 5 Minuten in 1 EL Öl anbraten, salzen und unter den gekochten Reis mischen.

Schnitzel Parmigiano

2 kleine Kalbsschnitzel, ½ cm dick
4 kleine Tomaten, halbieren
1 TL Oregano
4 EL Sahne
2 EL geriebener Parmesankäse
2 EL Öl
Salz, schwarzer Pfeffer aus der Mühle

Schnitzel breit klopfen. In Öl von beiden Seiten je 3 Minuten anbraten. Salzen, pfeffern und geriebenen Käse daraufstreuen. Tomatenhälften mit Oregano bestreuen. Auf die Schnitzel setzen. Sahne dazugießen. Pfanne zudecken. Bei niedriger Hitze 5 Minuten backen.
Dazu Weißbrot.

10–20 Minuten

Schweinekotelett natur

10–20 Minuten

1 Kotelett, kurz in Mehl wenden,
pfeffern und salzen
2 EL Schmalz

Fett bei großer Hitze in der Pfanne zerlassen. Das gesalzene und gepfefferte Kotelett einlegen und von beiden Seiten je 2 Minuten anbraten. Temperatur sofort auf kleine Hitze reduzieren.
Fleisch bei schwacher Hitze unter mehrfachem Wenden durchbraten (10–15 Minuten). Neben dem Feuer 3 Minuten in der heißen Pfanne ruhenlassen. Bratfett in kleinem Töpfchen zu Kartoffeln servieren.

Wenn **paniertes Kotelett** vorgezogen wird, bleibt der Bratvorgang gleich. Für das Panieren 1 Ei im Teller verquirlen und 3 EL Paniermehl in einen Suppenteller schütten. Das bemehlte Kotelett erst im Ei, dann im Paniermehl wenden.
Dazu Salzkartoffeln und frisches Gemüse, je nach Jahreszeit.

Fleisch

Schweineschnitzel pikant

10–20 Minuten

1 Schweineschnitzel
2 Salbeiblätter
1 EL Schmalz
2 TL Zitronensaft
Salz
weißer Pfeffer

Aus 1 TL Zitronensaft, Pfeffer und Salz eine Marinade rühren und das Schnitzel damit bestreichen. Schmalz in großer Pfanne heiß werden lassen. Schnitzel mit den Salbeiblättern belegen und von beiden Seiten je 5 Minuten bei Mittelhitze braten. Schnitzel herausnehmen und warm stellen.
Restlichen Zitronensaft zum Bratfond in die Pfanne geben, kurz aufkochen lassen und über das Schnitzel gießen.
Beilage: Petersilienkartoffeln, grüner oder Gurkensalat.

Steaks italienisch

4 Scheiben Schweinefilet à 70 g
2 EL Olivenöl
1 Fleischtomate, enthäuten, würfeln
150 g Mozzarella, würfeln
1 TL Oregano
1 Stengel Basilikum
Salz, frisch gemahlener Pfeffer

Fleisch in heißem Öl auf jeder Seite 1 Minute braten, salzen und pfeffern. Tomate und Mozzarella auf die Fleischscheiben geben. Mit Oregano bestreuen. Das Basilikum mit einer Schere darüberschnippeln.
Weißbrot dazu.

10–20 Minuten

Fleisch

Steak mit Kruste

10–20 Minuten

1 Rumpsteak, Rand mehrfach einschneiden
1 EL Rindermark (aus Röhrenknochen)
1 EL Petersilie, fein hacken
1 Schalotte, reiben
1 EL Semmelbrösel
¼ TL abgeriebene Zitronenschale
Salz, schwarzer Pfeffer
1½ EL Öl oder Butterschmalz

Fleisch in heißem Fett von jeder Seite 5 Minuten braten. Warm stellen. Rindermark, Petersilie, Schalotte, Semmelbrösel, Pfeffer, Salz und Zitronenschale mischen und auf das gebratene Steak verteilen. Unterm Grill knusprig backen oder Ofen auf 250 Grad Oberhitze vorheizen und auf der Oberschiene 3 Minuten backen.
Grüner Salat dazu.

Wiener Schnitzel

10–20 Minuten

2 große Kalbsschnitzel, aus der Keule sehr dünn geschnitten, breitgeklopft, vorsichtig mit Salz und weißem Pfeffer einreiben
1 Ei
1 gehäufter EL Mehl
3 gehäufte EL Paniermehl
5 EL Butter
1 TL Öl
Zitronensaft
2 dünne Zitronenscheiben
2 Sardellenfilets, kurz wässern

Das Ei in einem tiefen Teller verquirlen, Mehl in einen zweiten Teller schütten, in einen dritten das Paniermehl. Jedes Schnitzel erst im Mehl herumdrehen, durch Schütteln überflüssiges Mehl entfernen, dann ins Ei und zum Schluß von beiden Seiten im Paniermehl wenden. Die Panade mit der Handfläche etwas andrücken.
In einer großen Pfanne Butter und Öl erhitzen. Wenn das Fett aufgeschäumt hat, die Schnitzel einlegen und bei mittlerer Hitze beide Seiten etwa 5 Minuten braten. Schnitzel aus der Pfanne nehmen, mit Zitronensaft beträufeln. Auf jedes Schnitzel eine Zitronenscheibe und 1 Sardellenfilet legen; auf vorgewärmter Platte servieren.
Beilage: Salzkartoffeln und Blumenkohl (Rezept siehe Seite 143) oder grüner Salat.
Bratfett entweder in einer kleinen Sauciere dazu geben oder bei der Zubereitung des Blumenkohls verwenden.

Fleisch

Würziges Schweinefleisch

10–20 Minuten

400 g Schweinefilet, in sehr dünne Scheiben
(2 × 2 cm) schneiden
1 EL Öl
1 Knoblauchzehe, zerdrücken
1 EL Zucker
2 EL Sojasauce
4 EL Weinessig
1 Lorbeerblatt
1 TL grüner Pfeffer, im Mörser grob zerstoßen
Salz

Schweinefleisch mit den übrigen Zutaten im geschlossenen Topf 15 Minuten schmoren.
Mit trockenem Reis servieren.

Zehn-Minuten-Gulasch

10–20 Minuten

300 g Rinderfilet, würfeln
200 g frische Champignons, in Scheiben
schneiden
⅛ l Sahne
1 kleine Zwiebel, hacken
2 EL Butter
1 TL Delikateß-Paprika
Salz
schwarzer Pfeffer aus der Mühle

Filetwürfel und Champignons mit Salz, Pfeffer und Paprika würzen, mit der Zwiebel in Butter 10 Minuten kräftig anbraten. Sahne unterrühren. Noch 3 Minuten köcheln.
Beilage: Nudeln.

Trockener Weißwein dazu!

Apfel mit Butter und Cognac

10–20 Minuten

1 großer Apfel, schälen, Kernhaus und Blüte mit kraterförmigem Schnitt ausstechen, ohne den Boden zu verletzen
1 EL Aprikosenmarmelade
1 TL Butter
1 TL Vanillezucker
1 EL Cognac

Feuerfeste kleine Form mit Butter ausfetten. Ofen auf 250 Grad vorheizen.
Apfel in die Form setzen und mit Marmelade, Butter, Vanillezucker und dem Cognac füllen. Bei der Füllung Reihenfolge einhalten.
Auf der Mittelschiene des Ofens bedeckt 15–20 Minuten garen. Vor dem Essen mit dem eigenen Saft begießen.

Bauernfrühstück

200 g gekochte kalte Kartoffeln (nicht zu mehlige Sorte), auch vom Vortag, würfeln
1 EL gewürfelter durchwachsener Speck
1 EL Butter
1 Zwiebel, fein würfeln
3 Eier
1 kleine Gewürzgurke, schälen und klein würfeln
¼ Tasse Milch
1 EL gehackte glatte Petersilie oder Schnittlauch
Salz, schwarzer Pfeffer

Speck mit Butter in einer größeren Pfanne anbraten, bis er Fett abgibt und anfängt, kroß zu werden.
Kartoffeln und Zwiebeln dazugeben. Bei mittlerer Hitze unter vorsichtigem Wenden goldbraun anrösten. Bei Bedarf noch etwas Butter dazugeben.
Gurke und Kräuter untermischen. Eier mit Milch verquirlen, salzen, pfeffern.
Eier bei mittlerer Hitze über die Kartoffeln gießen, 3 Minuten zugedeckt stocken lassen und dann unter sanftem Rühren in etwa 2 Minuten fertig braten.

Dicke Bohnen, italienisch ✗ ✗ ❄

10–20 Minuten

1 kleine Dose dicke Bohnen (250 g)
125 g Schweinemett
½ Zwiebel, hacken
½ Knoblauchzehe, zerdrücken
½ TL Thymian
½ TL Rosmarin
1 EL Tomatenmark
1 EL gehackte Petersilie
1 EL Parmesankäse

Das Schweinemett mit den Zwiebelwürfeln scharf anbraten. Knoblauch, Thymian, Rosmarin und das Tomatenmark dazugeben, die Bohnen unterheben. 10 Minuten schmoren. Mit Petersilie und Parmesan bestreuen.
Einfrieren: Ohne Petersilie und Parmesan.

Rühren!

Dorsch oder Kabeljau mit Zitrone

10–20 Minuten

1 Dorsch (500 g), säubern, in 5–6 cm breite Stücke schneiden
2 EL Olivenöl
2 EL Zitronensaft
½ Zitrone (ungespritzt), in Scheiben schneiden
Salz
½ TL Curry
1 Knoblauchzehe, feingehackt

Öl in einer flachen Kasserolle erhitzen, Knoblauch bei kleiner Hitze 2 Minuten darin anrösten.
Zitronensaft und Zitronenscheiben und ½ l Wasser dazugeben. Mit Salz und Curry würzen. Aufkochen.
Fischstücke etwa 15 Minuten bei kleinster Hitze mit Deckel in diesem Sud ziehen lassen.
Dazu gehören Salzkartoffeln und eine klassische Senfsauce (siehe Seite 221)
Fischreste und Kochwasser zum Weiterkochen im Kühlschrank aufheben (siehe Reste-Essen mit Kochfisch Seite 135)

Spezialitäten

Gemüsereis

10–20 Minuten

2 Tassen Langkornreis, nach Vorschrift kochen und abtropfen lassen
250 g Gemüse der Jahreszeit (außer Rotkohl, Rote Bete, Kohlrüben und weiße Rüben, Spargel läßt sich jedes schnittfeste Gemüse verwenden und kombinieren), in kleine Würfel schneiden
2 Zwiebeln, fein würfeln
1 TL Curry, mild
3 EL Pflanzenfett
1 Messerspitze Ingwerpulver
weißer Pfeffer
Salz
½ TL Aromat

Gemüsemischung zusammen mit dem Pflanzenfett in einer beschichteten Pfanne unter Rühren braten, bis – je nach Gemüseart – Bräunung oder glasige Konsistenz erreicht ist. Zwiebeln und Curry einrühren und noch weitere 5 Minuten bei kleiner Hitze unter Rühren braten.
Reis in die Pfanne einrühren, mit Ingwerpulver überstäuben, Aromat darüberstreuen, kräftig durchrühren und bei kleiner Hitze erst 5 Minuten zugedeckt, dann 5 Minuten offen braten lassen. Mit Pfeffer und Salz abschmecken.
Sehr gut als Beilage zu kurzgebratenem Fleisch oder gebratenem Fisch, Geflügel.
Hält sich 3 Tage im Kühlschrank. Dann wieder in der Pfanne aufbraten.

Käse-Gratin

150 g Camembert
2 EL Semmelbrösel
1 Eigelb
1 TL Paprika, mild
1 TL Kirschgeist

Camembert würfeln, mit Semmelbröseln, Eigelb, Paprika und Kirschgeist mischen. In kleines Auflaufförmchen füllen.
Bei 225 Grad 15 Minuten backen.

Reste-Essen mit Kochfisch

10–20 Minuten

250 g gekochter Fisch, in mundgerechte Stücke zerteilen
300 g Pellkartoffeln, kochen, in dünne Scheiben schneiden
3 EL Butter
¼ l Gemüsebrühe (Instant) mit
2 EL Senf verrühren
4 EL glatte Petersilie, hacken
Salz
Pfeffer

Butter in der Pfanne erhitzen. Kartoffeln bei großer Hitze 5 Minuten unter Wenden anbraten.
Fischstücke und Senf-Mischung zugeben. 10 Minuten ohne Deckel bei kleiner Hitze unter gelegentlichem Rühren kochen. Mit Salz und Pfeffer abschmecken und mit Petersilie bestreuen.
Tip: Instant-Gemüsebrühe gibt es als Paste im Reformhaus.

Rührei mit Aubergine

10–20 Minuten

3 Eier mit
1 EL Milch verquirlen
1 kleine Aubergine, Kerne entfernen, würfeln, mit Salz bestreuen, nach 10 Minuten gut ausdrücken
2 EL Butter
1 Knoblauchzehe, zerdrücken
1 Bund Dill, zupfen
Salz, frisch gemahlener Pfeffer

Butter zerlassen und die Auberginenwürfel darin dünsten. Sobald sie weich sind, den Knoblauch hinzufügen und einige Minuten weitergaren. Mit Dill und Pfeffer bestreuen. Die verquirlten Eier mit etwas Salz würzen und über die Aubergine geben. Die Mischung bei niedriger Temperatur unter ständigem Rühren garen, bis die Eier gestockt sind. Pfeffer darüber mahlen.

Rührei mit geräuchertem Lachs

3 Eier
1 EL Milch
1 EL Butter
50 g geräucherter Lachs, in Streifen schneiden
2 TL Crème fraîche
Muskat
Salz, Pfeffer
Dill, zupfen

Eier und Milch in einer Schüssel verschlagen, salzen, pfeffern. 1 TL Crème fraîche, etwas Muskat und die Hälfte des Lachses hinzufügen. Die Eiermasse bei kleiner Hitze unter ständigem Umrühren in Butter braten. Wenn sie fest wird, restliche Crème fraîche zugeben. Vom Herd nehmen. Mit den restlichen Lachsstreifen und Dill auf vorgewärmter Platte anrichten.
Dazu Roggentoast.

Eigenes Rezept

10–20 Minuten

Eigenes Rezept

139

10–20 Minuten

Eigenes Rezept

10–20 Minuten

20–40 Minuten

Grüne Bohnen, überbacken

200 g Brechbohnen, abfädeln, kleinbrechen
2 EL Butter
1 kleine Zwiebel, fein hacken
1 TL Bohnenkraut
1 TL gekörnte Brühe (Instant)
½ TL Zucker
100 g geriebener Allgäuer Emmentaler
2 EL feingehackte glatte Petersilie
Salz
weißer Pfeffer

1 EL Butter in einem emaillierten Topf zerlassen. Zwiebel darin bei Mittelhitze hellgelb dünsten. Bohnen naß dazu geben. Bohnenkraut einstreuen. ⅛ l Wasser sowie Zucker und gekörnte Brühe dazugeben und bei schwacher Hitze mit Deckel 15 Minuten dünsten.
Vom Feuer nehmen. Backofen auf 200 Grad vorheizen.
Die fast garen Bohnen pfeffern, mit dem Reibekäse und der Petersilie vermischen, in eine feuerfeste Form füllen, oben mit Käseschicht bedecken und Butterflöckchen aufsetzen.
Im Backofen (Mittelschiene) 15 Minuten überbakken, bis die Käseschicht leicht bräunt.
Paßt gut zu gebratenem Fleisch. Mit Weißbrot eine komplette Mahlzeit.

Grüne Bohnen in Tomatensauce

200 g grüne Bohnen, putzen, in 4 cm große Stücke schneiden
2 Fleischtomaten, häuten, entkernen, fein hacken
1 EL Olivenöl
1 Knoblauchzehe, fein hacken
1 Prise Zucker
½ TL Bohnenkraut
1 EL Tomatenmark
½ Tasse Bouillon (Instant)
1 TL Oregano
1 EL Petersilie, fein hacken
Salz
schwarzer Pfeffer

Bohnen in ½ l kochendem Salzwasser bei Mittelhitze ohne Deckel etwa 15 Minuten garen. Abtropfen lassen.
Öl in der Pfanne erhitzen. Knoblauch bei kleiner Hitze unter Rühren 1 Minute andünsten.
Tomaten, Tomatenmark, Brühe, Oregano, Zucker und Bohnenkraut dazugeben, aufkochen, bei kleiner Hitze unter Rühren 5 Minuten offen einkochen.
Bohnen dazugeben und unter Rühren 5 Minuten erhitzen. Mit Salz, Pfeffer abschmecken. Petersilie unterrühren.
Als Beilage zu kurzgebratenem Fleisch oder kalt als Salat.
1 Tag im Kühlschrank haltbar.

Gemüse

Blumenkohl, deutsch oder italienisch

1 kleiner Blumenkohl
3 EL Butter
2 TL Zitronensaft
1 EL Paniermehl
Muskatnuß
Salz

20–40 Minuten

Den Blumenkohl mit spitzem Messer von allen grünen Teilen befreien, 5 Minuten in kaltem Salzwasser stehenlassen, dann waschen und abtropfen. In einem Topf, in dem der Blumenkohl aufrecht stehen kann, ½ l Wasser mit 1 TL Salz, 1 EL Butter und dem Zitronensaft zum Kochen bringen, dann den Blumenkohl mit den Röschen nach oben einsetzen. Zudecken und bei mittlerer Hitze nach 10 Minuten Garprobe mit der Messerspitze. Er soll mürbe, aber nicht ganz weich sein.

Den garen Blumenkohl herausnehmen, im Durchschlag abtropfen lassen. Währenddessen die restliche Butter in einer Pfanne zerlassen, sie darf nur ganz leicht bräunen.

Blumenkohl in eine passende Schüssel stellen, mit Paniermehl bestreuen, eine Prise Muskatnuß darüberreiben und mit der heißen Butter übergießen.

Für die **italienische Variante** (nach dem Garen) Ofen auf 220 Grad vorheizen. Den Kohl in eine passende Auflaufform stellen. Mit 2 EL Parmesan bestreuen, mit zerlassener Butter beträufeln und 10 Minuten auf Mittelschiene backen, bis die Oberseite leicht bräunt.

Frische Erbsensuppe

Anstelle von Erbsen kann man auch Zuckerschoten (Mangetout) nehmen: Fäden abziehen und die Schoten viermal durchschneiden).

20–40 Minuten

250 g frische grüne Erbsen (entspricht 750 g Schoten)
¾ l Bouillon (Instant)
50 g roher Schinken, würfeln
2 Kartoffeln, schälen, klein würfeln
2 EL Butter
3 EL Sahne
1 TL Estragon, hacken
1 EL glatte Petersilie, hacken
Zucker
weißer Pfeffer aus der Mühle
Salz

Erbsen auspalen, unter Rühren 5 Minuten in 1 EL Butter andünsten und mit der Bouillon ablöschen. Estragon dazugeben.
Gewürfelte Kartoffeln zu den Erbsen geben und alles in etwa 20 Minuten gar kochen. Sahne und Schinken einrühren. Vom Feuer nehmen, 1 EL kalte Butter stückweise mit dem Schneebesen einschlagen. Mit Zucker, Salz, Pfeffer abschmecken. Petersilie darüberstreuen.
Hält sich in Porzellanschüssel im Kühlschrank 2 Tage.

Gemüse

Geschmorte grüne Erbsen mit Schinken

200 g frische grüne zarte Erbsen (entspricht etwa 500 g in Schoten)
1 kleine Zwiebel, fein hacken
50 g magerer, roher Schinken, in dünne Streifen schneiden
1 Tasse Hühnerbrühe (Instant)
1 EL Butter
2 EL Crème fraîche oder Dosenmilch
1 EL Petersilie, feingehackt
½ TL Estragonblätter
1 Prise Zucker
Salz
schwarzer Pfeffer

20–40 Minuten

Butter in einem 2-l-Topf bei Mittelhitze zergehen lassen und Zwiebel unter gelegentlichem Rühren 3 Minuten anschwitzen.

Erbsen, Brühe und Estragon dazugeben und mit Deckel unter gelegentlichem Rühren bei kleiner Hitze je nach Qualität der Erbsen 15–20 Minuten oder länger garen.

Schinken und Crème fraîche dazugeben. Die Flüssigkeit unter Rühren ohne Deckel 5 Minuten bei kleiner Hitze reduzieren.

Mit Salz, Pfeffer und Zucker abschmecken und mit Petersilie bestreut servieren.

Als Beilage zu Wiener Schnitzel oder Kurzgebratenem. Mit frisch gekochten breiten Nudeln als Schnellgericht. Zubereitungszeit dafür 15 Minuten.

Laucheintopf

20–40 Minuten

500 g Lauch, putzen, waschen, nur das Helle in fingerlange Stücke schneiden
200 g Kartoffeln, schälen, waschen, in Scheiben schneiden
2 grobe Kochwürste (z. B. Breslauer)
2 TL Butter
1 Tasse Fleischbrühe (Instant)
1 Prise Zucker
weißer Pfeffer
Salz

Lauch und Kartoffeln in mittelgroßem Topf bei mittlerer Hitze unter Rühren in der Butter 3 Minuten anschwitzen.
Brühe zugießen, Kochwürste obenauf legen, mit Deckel 20 Minuten bei kleiner Hitze garen. Gelegentlich rühren.
Kochwürste häuten und in Scheiben schneiden, unterrühren. Salzen und pfeffern und mit 1 Prise Zucker abschmecken.
Im Kühlschrank 3 Tage haltbar. Nicht zum Einfrieren geeignet.
Statt Kochwurst können auch Reste von Lamm (Schulter oder Keule) verwendet werden.

Lauchsuppe

4 große Stangen Lauch, bis zum Dunkelgrünen in kleine Ringe schneiden
1 Petersilienwurzel, fein würfeln
½ l Rinderbouillon (Instant)
¼ l Sahne
Salz
weißer Pfeffer aus der Mühle
1 Prise Muskat
2 EL Schnittlauch, fein schneiden

Rinderbouillon in einem 2-l-Topf mit Lauch und Petersilienwurzel kurz aufkochen und bei kleiner Hitze ½ Stunde bedeckt köcheln lassen, bis der Lauch sehr weich ist. Zwischendurch rühren und 1–2 Tassen Wasser dazugießen.
Alles durch ein feines Sieb streichen oder im Mixer pürieren.
Jetzt die Hälfte zum Einfrieren beiseite stellen (Haltbarkeit 4 Wochen, beim Auftauen auf dem Herd 1 Tasse Wasser dazugeben).
Sahne, Salz, Pfeffer dazugeben, etwas Muskatnuß darüberreiben, noch einmal erhitzen und mit dem Schnittlauch bestreuen.

20–40 Minuten

Maiskolben, gekocht

1 Maiskolben
Butter, Pfeffer, Salz, Zucker

20–40 Minuten

Die Deckblätter und Fäden zum Stiel hin abziehen. In leicht gesalzenem und gezuckertem Wasser etwa 20 Minuten kochen. Abtropfen und in der Pfanne in Butter, mit Salz und Pfeffer bestreut, von allen Seiten ganz leicht bräunlich braten. Direkt vom Kolben nagen.
Pro Person 1 Maiskolben.

Gemüse

Rosenkohl auf Mailänder Art

500 g Rosenkohl, putzen
2 EL Parmesankäse
2 EL Semmelmehl
1 EL Butter
1 Prise Muskat
Salz

20–40 Minuten

Die Röschen in wenig Salzwasser mit Butter zugedeckt ca. 10 Minuten dünsten. Abtropfen, in eine Auflaufform füllen. Parmesankäse und Semmelmehl mischen und darüberstreuen. Mit Butterflöckchen besetzen und bei 250 Grad 10 Minuten überbacken. Mit Muskat bestäuben.
Mit Kartoffelpüree als fleischlose Mahlzeit oder als Beilage zu Kurzgebratenem, zu Rouladen oder Beefsteak.

Gefüllte Tomaten

4 große Tomaten
100 g gemischtes Hack
1 kleine Zwiebel, fein hacken
1 TL Oregano
3 EL geriebener Gouda
1 Ei
1 Scheibe Weißbrot, in Milch einweichen, ausdrücken
1 TL Reiskörner
Salz
weißer Pfeffer

Tomaten waschen, trocknen, Deckel abschneiden und Fruchtfleisch mit Teelöffel herauslösen. Salzen, pfeffern.
Hackfleisch mit Zwiebel, Oregano, Salz, Pfeffer, Ei und dem ausgedrückten Brot vermengen.
In jede Tomate unten 6–8 rohe Reiskörner einlegen, damit sie beim Garen den Saft aufnehmen können, dann mit der Masse füllen und geriebenen Käse darüberstreuen. Leicht andrücken.
Backofen auf 200 Grad vorheizen.
Tomatendeckel aufsetzen und jede Tomate einzeln gut in Alufolie einpacken, so daß sie einen festen Stand hat.
20–25 Minuten auf dem Blech in der Mitte des Ofens garen.
Dazu Reis oder Weißbrot.

20–40 Minuten

Gemüse

Provenzalische Tomaten

4 große oder 6 kleine feste Tomaten
1 Knoblauchzehe, zerdrücken
½ Bund glatte Petersilie, fein hacken
3–4 EL Paniermehl
2–3 EL Olivenöl
Salz
schwarzer Pfeffer

20–40 Minuten

Backofen auf 200 Grad vorheizen.
Knoblauch und Petersilie mit dem Paniermehl und Olivenöl verrühren. Salzen und pfeffern.
Tomaten halbieren, salzen und die Schnittflächen dick mit der Knoblauchmasse bestreichen.
In eine geölte feuerfeste Form dicht nebeneinander setzen und mit Olivenöl beträufeln. Auf der Mittelschiene des Ofens etwa 25 Minuten backen, bis sich eine goldbraune Kruste gebildet hat.

Bouillonkartoffeln

500 g Salzkartoffeln, kochen, heiß abdampfen
½ l Rinderbouillon (Instant)
1 Bund Suppengrün, kleinschneiden
1 Stange Lauch, in Ringe schneiden
Salz

Vom Suppengrün die Möhren, Sellerie, Petersilienwurzel und etwas Sellerieblatt in der Bouillon 25 Minuten zugedeckt bei mittlerer Hitze köcheln. Erst in den letzten 5 Minuten Lauch zugeben.
Bouillon mit dem Gemüse kochend über die Salzkartoffeln gießen und 2 Minuten ziehen lassen.
Nach Geschmack salzen.
Ideale Beilage zu gekochtem Rindfleisch.

Kräuter-Stampfkartoffeln

500 g sauber gebürstete, dünnschalige Kartoffeln, quer halbieren, mit der Schale weich kochen
100 g Butter
1 Tasse feingehackte frische Kräuter: glatte Petersilie, Liebstöckel, Kerbel, Pimpinelle, Borretsch, Ysop, Basilikum, Dill, Schnittlauch, einige Blättchen Majoran oder Thymian
weißer Pfeffer aus der Mühle
Salz
1 Messerspitze Muskat

20–40 Minuten

Die weichgekochten Pellkartoffeln mit Schale, noch heiß, unter allmählicher Beigabe der Butter und der Kräuter zu einem groben Brei verstampfen. Nicht so fein wie Püree! Salzen, pfeffern, zum Schluß Muskat unterrühren.

Mit allen Sorten von grünem Salat eine schmackhafte fleischlose Mahlzeit.

Dieses Kartoffelgericht eignet sich als Beilage zu gebratenen und geschmorten Innereien (Herz, Leber, Nieren), aber auch zu Brathuhn und Schweinebraten. Reste können aufgebraten werden.

Bratkartoffeln aus gekochten und aus rohen Kartoffeln

500 g gepellte, kalte Kartoffeln (auch vom Vortag), in dünne Scheiben schneiden
1 mittelgroße Zwiebel, fein hacken
100 g durchwachsener Speck, fein würfeln
1 EL Schmalz oder 1 EL Butter + 1 EL Öl
½ TL Majoran oder Thymian
1 Prise Zucker
Salz
weißer Pfeffer aus der Mühle

20–40 Minuten

Speckwürfel in der Pfanne unter Rühren bei Mittelhitze auslassen, bis sie glasig sind.
Zwiebeln und Schmalz dazugeben und 2 Minuten braten.
Kartoffelscheiben einlegen und mit Salz, Majoran oder Thymian bestreuen. 1 Prise Zucker über die Kartoffeln geben. 5 Minuten in der zugedeckten Pfanne dünsten lassen. Dann offen braten und alle 5 Minuten von Mittel- auf kleine Hitze umschalten und umgekehrt.
Sobald die Kartoffeln nach etwa 10–15 Minuten auf einer Seite goldbraun werden, vorsichtig mit dem Schaber wenden. Nicht rühren.
Nach Geschmack pfeffern. In der Pfanne servieren oder vorsichtig in eine vorgewärmte Schüssel legen.
Für die Bratkartoffeln möglichst keine Salzkartoffeln verwenden; sie werden in der Pfanne zu weich und zerfallen.

Kartoffelgerichte

Aus rohen Kartoffeln:
Zum Braten die Fettration verdreifachen, Speck weglassen und statt 5 mindestens 15 Minuten zugedeckt in der Pfanne dünsten lassen. Öfter umwenden! Von den fertigen Bratkartoffeln überschüssiges Fett im Küchensieb abtropfen lassen.

20–40 Minuten

Rösti

7 große Kartoffeln, nur 10 Minuten halbgar
kochen, pellen und grob raspeln
70 g Butter
Salz

20–40 Minuten

Butter in einer großen Pfanne erhitzen. Kartoffeln hineingeben, über den Pfannenboden verteilen, salzen und gut andrücken.
Bei Mittelhitze etwa 10 Minuten von jeder Seite goldgelb braten. Zum Wenden die Pfanne mit einem passenden Teller oder Deckel abdecken, umdrehen und die Rösti dann vom Teller wieder in die Pfanne gleiten lassen.

Neue Kartoffeln mit Gurkenjoghurt

20–40 Minuten

500 g neue Kartoffeln, waschen
½ Salatgurke, entkernen mit Schale grob raffeln
1 Knoblauchzehe, zerdrücken
1 Bund Dill, fein hacken
1 Becher Sahnejoghurt
½ TL Zucker
Salz, Pfeffer
1 Bund Radieschen, waschen

Kartoffeln in Salzwasser 20 Minuten kochen. Inzwischen die geraffelte Salatgurke mit der Knoblauchzehe und dem Joghurt verrühren. Mit Pfeffer, Salz, Zucker und Dill abschmecken. Zu den heißen Pellkartoffeln servieren.
Dazu Radieschen.

Fischfilet in Folie

1 Seelachsfilet, ca. 200 g
1 Frühlingszwiebel, fein hacken
½ Bund glatte Petersilie
30 g Butter
Salz
frisch gemahlener Pfeffer
1 TL Zitronensaft

20–40 Minuten

Den Fisch auf einen Bogen Alufolie legen. Mit Butter bestreichen, leicht salzen und mit Zwiebel bestreuen. Petersilie im Ganzen darauflegen. Folie fest verschließen und auf Mittelschiene im Ofen 20 Minuten bei 200 Grad backen. Verschlußseite nach oben!
Die Portion mit dem Backsud übergießen, pfeffern und mit Zitrone abschmecken.
Dazu Weißbrot oder Salzkartoffeln.

Kabeljau italienisch

1 Kabeljaufilet, ca. 250 g
1 Knoblauchzehe, hacken
½ Bund glatte Petersilie, hacken
½ rote Paprikaschote, hacken
2 EL weiche Butter
1 Prise Cayennepfeffer
Salz
1 EL Parmesankäse

20–40 Minuten

Knoblauch, Petersilie, Paprikawürfel mit Butter, Cayennepfeffer und Salz vermengen und das Gemisch auf das Kabeljaufilet streichen. Filet in eine feuerfeste Form legen und zur Hälfte falten. Parmesankäse darüberreiben. Bei 250 Grad 20 Minuten auf der Mittelschiene im Ofen backen.
Dazu frisches Weißbrot.

20–40 Minuten

Rotbarsch mit Petersilie

200 g Rotbarschfilet
1 Bund Petersilie, fein hacken
1 Knoblauchzehe, zerdrücken
2 EL Öl
Schale und Saft von ½ unbehandelten Zitrone
Saft von 1 Orange
Salz
schwarzer Pfeffer

Petersilie, Salz, Knoblauch, abgeriebene Zitronenschale und Öl vermischen, Fisch waschen, trocknen und mit Zitronensaft beträufeln, pfeffern. Fisch in feuerfeste Portionsschale legen. Mit der Petersilienmischung bestreichen. Orangensaft angießen. Bei 200 Grad 20 Minuten backen.
Dazu Brot mit Senfbutter (Rezept siehe S. 197) bestreichen.

Fisch 161

Kräuter-Forelle

1 Forelle, ausgenommen
50 g Butter mit
1 TL frischen gehackten Kräutern und
¼ einer kleinen geriebenen Zwiebel sowie
1 TL Zitronensaft und
Salz und weißem Pfeffer zu Kräuterbutter
vermischen

20–40 Minuten

Die Forelle mit der Kräuterbutter bestreichen. In Alufolie wickeln. Im Backofen auf dem Blech bei 225 Grad auf der Mittelschiene 25 Minuten bakken. Darauf achten, daß die Schließfalte der Folie oben liegt.
Dazu schmecken Salzkartoffeln und Gurkensalat.

Pfannfisch

250 g Salatkartoffeln, in der Schale fast gar kochen, pellen, abkühlen lassen und in dünne Scheiben schneiden
250 g geräucherter Fisch (Makrele, Bückling oder Heilbutt) enthäuten, entgräten, in mundgerechte Stücke teilen
2 Eier mit ¼ Tasse Milch und einer Prise Salz verquirlen
4 EL gewürfelter durchwachsener Speck
2 EL Butter
1 EL Petersilie, hacken
Salz, schwarzer Pfeffer

Butter mit Speckwürfeln in der Pfanne zerlassen, Kartoffeln dazugeben und 15 Minuten bei Mittelhitze braten. Leicht salzen und immer wieder wenden.
Fischstücke dazugeben und mit der Eier-Milch-Mischung begießen. Bei kleiner Hitze in 10 Minuten stocken lassen. Nicht rühren. Pfeffer darüber mahlen (zwei Umdrehungen), mit Petersilie bestreuen und in der Pfanne servieren.
Statt Räucherfisch können auch Krabben oder beides verwendet werden.

20–40 Minuten

Provenzalische Fischpfanne ✕ ✕

2 Rotbarschfilets à 200 g
1 kleine Dose geschälte Tomaten, grob zerkleinern
1 Zwiebel, würfeln
1 Knoblauchzehe, zerdrücken
1 TL Oregano
3 Salbeiblätter, hacken
Salz
schwarzer Pfeffer
1 daumendicke Scheibe Schafs- oder Ziegenkäse

20–40 Minuten

Zwiebelwürfel und Knoblauchzehe in einer Pfanne in heißem Öl 3 Minuten andünsten. Die abgetropften Tomaten hinzufügen. Bei starker Hitze unter Rühren 5 Minuten schmoren. Hitze reduzieren, dann die Fischstücke hineinlegen, salzen, pfeffern und die Kräuter darüberstreuen. Zugedeckt 15 Minuten gar ziehen. Die Filets zwischendurch einmal wenden.
Zum Schluß zerbröckelten Käse darüber verteilen. Dazu Weißbrot.

und Rotwein.

Filetsteak, gekocht

20–40 Minuten

2 Filetsteaks à 200 g, gut abgehangen
1 Petersilienwurzel, halbieren, in je 4 Stifte schneiden
1 Möhre, halbieren, in je 4 Stifte schneiden
1 kleine Sellerieknolle, etwa 100 g, in 4 Teile schneiden
1 Stange Lauch, das Weiße in 4 Teile schneiden
2 EL geraffelter Meerrettich, mit etwas Zitronensaft überspritzt
½ l Rinderbouillon (Instant)
8 Kartoffeln, schälen
schwarzer Pfeffer, Salz

Kartoffeln kalt mit 1 l Wasser und 2 TL Salz aufsetzen.
Fleischbrühe mit Petersilienwurzel, Möhre und Sellerie 20 Minuten zugedeckt bei mittlerer Hitze kochen lassen. Dann erst Lauch zugeben. Weitere 5 Minuten garen.
Steaks in die Brühe legen und bei mittlerer Hitze offen, je nach Größe, 8–10 Minuten garen.
Salzkartoffeln abgießen und abdampfen lassen.
Steaks herausnehmen und in 2 Suppenkellen heißer Fleischbrühe warmhalten. Den Rest Brühe durchsieben, zu anderweitiger Verwendung einfrieren, nur das Gemüse zu den Steaks legen.
Steaks aus der Bouillon nehmen. Dick mit Meerrettich belegen. Die fertigen Salzkartoffeln in die Bouillon mit dem Gemüse legen. 1 Minute vollsaugen lassen. Dann im Topf zu den Steaks als Beilage servieren.

Hähnchenkeulen rustikal

4 Hähnchenkeulen, waschen, trocknen, mit
1 TL Rosmarinpulver, Salz und Pfeffer einreiben
50 g Butter
1 TL Öl
1 EL Sojasauce
2 EL Ketchup oder Tomatenmark
4 Tomaten, brühen, enthäuten, entkernen
4 mittlere Zwiebeln, mit je 1 Nelke spicken
125 g Frühstücksspeck, in dünne Streifen schneiden
1 TL Zucker
½–1 TL Delikateßpaprika
3 EL gehackte Petersilie
Salz

20–40 Minuten

Butter und Öl in großer Pfanne erhitzen. Keulen 6 Minuten bei großer Hitze von allen Seiten anbraten.
Speck und Zwiebeln dazugeben und noch 3 Minuten unter Rühren bei Mittelhitze braten.
Tomaten, Ketchup und Sojasauce dazugeben, rühren und bei kleiner Hitze 15 Minuten mit Deckel schmoren. Ab und zu rühren.
Keulen wenden, dann noch 20 Minuten ohne Deckel schmoren. Ab und zu rühren.
Mit Salz, Paprika, Zucker abschmecken und Petersilie unterrühren.
Wenn Tomatenmark verwendet wird, 1 TL Zucker mehr nehmen.
Dazu paßt Reis oder Weißbrot.

Sesam-Hähnchen

2 Hähnchenschenkel
1 TL milder Senf
1 EL Zitronensaft
1 EL Öl
2 EL Sesamkörner
Salz, Pfeffer

20–40 Minuten

Hähnchenschenkel enthäuten und mit Senf bestreichen. Mit einer Vinaigrette aus Zitronensaft, Öl, Salz und Pfeffer beträufeln. Im Backofen 15 Minuten bei 200 Grad braten. Anschließend mit Sesam bestreuen und 10 Minuten weiterbraten.
Dazu frisches Weißbrot und grüner Salat.

Fleisch

Jägerfilet

2 Rinderfilets (je 250 g)
1 EL Butter
1 EL Öl
4 EL feingewürfelter durchwachsener Speck
1 kleine Zwiebel, fein würfeln
2 EL Sahne
1 TL Oregano
½ TL Rosmarinpulver
100 g Pfifferlinge (wenn aus der Dose: abspülen, abtropfen lassen)
Salz, schwarzer Pfeffer

20–40 Minuten

Speckwürfel mit Butter bei kleiner Hitze unter Rühren 3 Minuten auslassen. Zwiebel, Oregano, Rosmarin und Pfifferlinge dazugeben. Vermengen und mit Salz und Pfeffer würzen. 10 Minuten mit Deckel köcheln. Warm stellen.
Rinderfilets salzen und pfeffern, nach Wunsch blutig (4 Minuten), mittel (7 Minuten) oder ganz durchbraten (10 Minuten). Dazu Öl in schwerer Pfanne sehr heiß werden lassen. Je nach Wunsch entsprechend lange braten. Nach der Hälfte der Bratzeit wenden!
Die Filets 5 Minuten zugedeckt warm ruhenlassen. Dann auf vorgewärmte Platte legen.
Zu den Pfifferlingen jetzt die 2 EL Sahne geben und noch 3 Minuten bei kleiner Hitze köcheln.
Pfifferlinge über die Filets geben und servieren.
Beim Filetsteak ist die Ruhezeit nach dem Braten besonders wichtig.

Kalbsgeschnetzeltes

20–40 Minuten

300 g Kalbfleisch, in schmale, etwa 4 cm lange Streifen schneiden, 2 Minuten in kochendem Wasser blanchieren, dann abtrocknen
2 EL Öl
2 EL Butter
1 kleine Zwiebel, fein hacken
100 g Champignons, vierteln
½ Tasse Weißwein
⅛ l Sahne
½ Bund glatte Petersilie, fein hacken
½ TL Stärkemehl, in etwas Weißwein auflösen
½ TL Sojasauce
Salz, weißer Pfeffer aus der Mühle

Fleisch salzen und pfeffern, Öl in einer Pfanne sehr heiß werden lassen.
Fleisch darin 5–10 Minuten unter Rühren bei großer Hitze braun anbraten. Wenn sich dabei reichlich Saft bildet, diesen abgießen und aufheben. Dann weiterbraten. Butter, Zwiebel und Champignons dazugeben, bei Mittelhitze unter Rühren 5 Minuten anschwitzen.
Wein, Stärkemehl und Fleischsaft (falls entstanden) dazugeben, kurz aufkochen lassen.
Sahne, Sojasauce dazugeben und bei kleiner Hitze offen 10 Minuten leicht einkochen. Rühren.
Mit Salz und Pfeffer abschmecken und mit Petersilie bestreuen.
Dazu Rösti (Rezept siehe Seite 156) und frische Salate.
Tiefgefroren bis 8 Wochen haltbar.

Saure Nieren

350 g Schweinenieren, aufgeschnitten, von Sehnen und Röhren befreit, 1 Stunde in ½ l Milch einlegen, abspülen, trocknen und in Scheiben schneiden
1 mittelgroße Zwiebel, fein hacken
1 EL Schmalz oder Pflanzenfett
2 TL Mehl
1 TL Zitronensaft
½ TL Thymian
Salz
schwarzer Pfeffer
¼ Becher saure Sahne
1 ordentlicher Schuß Weißwein
1 TL Weinessig
1 TL Petersilie, hacken
1 TL Zucker

Schmalz in der Pfanne erhitzen, Zwiebel unter Rühren bei Mittelhitze 2 Minuten anschwitzen. Nieren dazugeben und 5 Minuten unter Rühren anbraten.
Bei kleiner Hitze mit Mehl überstäuben, rühren und 2 Minuten anschwitzen. Mit saurer Sahne und Weißwein ablöschen.
Salz, Pfeffer, Thymian, Majoran, Zitronensaft, Zucker und Essig dazugeben und bei kleiner Hitze unter gelegentlichem Rühren ohne Deckel 8 Minuten köcheln.
Mit Petersilie bestreuen.
Beilage: Kartoffelpüree oder Spätzle.
Eingefroren 8 Wochen haltbar.

20–40 Minuten

Tiroler Leber

2 Scheiben Kalbsleber (zusammen 400 g), waschen, trocknen
3 EL feingewürfelter durchwachsener Speck
1 mittelgroße Zwiebel, fein würfeln
1 EL Cognac
⅛ l Rotwein
2 EL Zitronensaft
½ TL Speisestärke verquirlt mit
¼ Tasse Sahne
1 EL glatte Petersilie, fein hacken
½ TL Thymian
½ TL Rosmarinpulver
1 Lorbeerblatt
1 Nelke
2 Wacholderbeeren
Salz
schwarzer Pfeffer aus der Mühle
1 Prise Zucker

Speckwürfel in passender Kasserolle bei Mittelhitze unter Rühren 2 Minuten auslassen. Zwiebel dazugeben und noch 3 Minuten braten. Rühren.
Mit Cognac und Wein löschen. Leber, Lorbeer, Pfeffer, Wacholder, Nelke, Thymian, Rosmarin und Salz dazugeben. Mit Deckel bei kleiner Hitze 25 Minuten dünsten. Ab und zu wenden und rühren.
Leber herausnehmen, warm halten. Lorbeer, Wacholder und Nelke ebenfalls aus der Kasserolle herausnehmen. Sauce mit Zitronensaft und Sahne-Stärke verrühren und ohne Deckel unter Rühren

Fleisch

einmal aufkochen. Noch 3 Minuten bei kleiner Hitze köcheln und rühren.
Mit Salz, Pfeffer und Zucker abschmecken. Leber in Streifen aufschneiden, in die Sauce legen und mit Petersilie bestreuen.
Beilage: Rösti (Rezept siehe Seite 156) oder Spätzle.

20–40 Minuten

Putenleber, gebraten

300 g Putenleber, in 2 Portionsstücke schneiden, abspülen und trockentupfen
125 g Champignons, frisch oder aus der Dose, halbieren oder vierteln, je nach Größe
1 Zwiebel, fein würfeln
2 Tomaten, überbrühen, enthäuten, vierteln, entkernen
1 EL Öl
2 EL Butter
½ Tasse Sahne
1 EL Cognac
½ Bund glatte Petersilie, fein hacken
½ TL Currypulver
½ TL Thymian
weißer Pfeffer aus der Mühle, Salz

20–40 Minuten

Butter in der Pfanne heiß werden lassen, Zwiebel darin glasig andünsten, dann Champignons und Tomaten zufügen, Curry und Thymian zugeben und bei kleiner Hitze mit Deckel 10 Minuten dünsten lassen.
Währenddessen die Putenleber in einer zweiten Pfanne im heißen Öl von beiden Seiten insgesamt 7 Minuten scharf anbraten. Die angebratene Leber in die Zwiebelmischung geben, Sahne dazugießen und nochmals mit Deckel 5 Minuten köcheln. Jetzt den Cognac dazugießen, mit Salz und Pfeffer abschmecken und die Petersilie über das fertige Gericht streuen.
Dazu Baguette oder Kartoffelpüree.
Hält sich im Kühlschrank 3 Tage.

Rostbraten mit mitgebratenen Kartoffeln

2 Scheiben Rostbraten à 150–200 g (aus dem Roastbeef geschnitten), flach klopfen, die Schwarten am Rand einschneiden
2 EL Öl
1 TL Senf, mittelscharf
1 TL Paprika, edelsüß
Salz
Pfeffer
1 Zwiebel, in dünne Scheiben schneiden
1 TL Butter
8 kleine, kalte Pellkartoffeln, abpellen
½ TL Thymian
Salz, schwarzer Pfeffer

20–40 Minuten

Fleischscheiben auf einer Seite dünn mit Senf einreiben und mit Paprika bestreuen.
Öl in großer Pfanne sehr heiß werden lassen. Flach aufliegende Fleischscheiben bei größter Hitze von beiden Seiten je 2 Minuten braten. Dann erst salzen und pfeffern. Bei kleiner Hitze weitere 3 Minuten braten. Ist die Pfanne zu klein, in 2 Portionen braten.
Fleisch herausnehmen und im Ofen bei 100 Grad ruhen lassen.
Butter in das Bratfett geben. Die unzerteilten Kartoffeln und die Zwiebelscheiben dazugeben und unter Rühren bei Mittelhitze von allen Seiten hellbraun braten. Zum Schluß Thymian darüberstreuen. Fett von Kartoffeln und Zwiebeln im Küchensieb abtropfen lassen.

Rinderrouladen

20–40 Minuten

4 Scheiben Rouladenfleisch (dünn geschnitten)
3 EL Schmalz
1 Bund Frühlingszwiebeln, weiße Teile im Längsschnitt halbieren
1 große Zwiebel, halbieren und in dünne Scheiben schneiden
2 Scheiben durchwachsener Speck, der Länge nach halbieren
2 EL mittelscharfer Senf
1 EL Paprika, edelsüß
1 kleine Salzgurke, schälen und längs in vier Teile schneiden
½ Becher saure Sahne
½ Tasse Rotwein
1 EL Tomatenmark
1 EL Sojasauce
Salz
schwarzer Pfeffer

Jede Roulade flach legen und in folgender Reihenfolge würzen und belegen:
a) dünn mit Senf bestreichen
b) mit Paprika bestäuben
c) Speckscheibe in Längsrichtung auflegen und
d) mit Zwiebelscheiben belegen
e) quer das Salzgurkenteil auflegen
f) davor und dahinter je 1 Streifen Frühlingszwiebel legen
g) jetzt salzen und pfeffern.
Roulade vorsichtig einrollen und mit Küchengarn zusammenbinden.

Fleisch

Schmalz in großem Schmortopf sehr heiß werden lassen und Rouladen mit Küchenzange (Spritzgefahr) einlegen. So scharf anbraten, daß sich dunkelbraune Röststreifen zeigen. Topf während des Anbratens immer wieder bedecken, aber dennoch die Rouladen jede Minute einmal bewegen. Anbratzeit etwa 8 Minuten. Mit Rotwein und gleicher Menge Wasser ablöschen. Hitze auf kleine Stufe regulieren.

Saure Sahne und Tomatenmark einrühren und mit Deckel 30–40 Minuten köcheln lassen. Wenn die Rouladen beim Einstich mit der zweizinkigen Gabel keinen Widerstand bieten, sind sie gar. Rouladen herausnehmen und warm stellen.

Jetzt in den Sud Sojasauce dazugeben. Je nach Konsistenz der Rouladensauce noch 2–3 EL Sahne einrühren und noch einmal kurz aufkochen lassen.

Fäden von den Rouladen entfernen und das Fleisch in der Sauce servieren.

Kaum ein Gericht eignet sich so gut zum Einfrieren wie Rouladen. Da sie sich 6 Monate halten, macht man am besten mehr als 4 auf einmal und friert sie in 2er-Portionen mit Sauce ein.

Beilage: Salzkartoffeln oder Kartoffelpüree oder Reis, Mischgemüse, Rot- oder Rosenkohl.

20–40 Minuten

Reis mit Schweinefleisch

250 g Schweinefilet, in dünne Scheiben schneiden
3 EL Öl oder Butterschmalz
1 Zwiebel, würfeln
1 Paprikaschote, rot oder grün, würfeln
1 Tasse Langkornreis
½ l Fleischbrühe (Instant), heiß
Salz, Pfeffer
Parmesankäse

Das Fleisch in heißem Öl in einer Pfanne von beiden Seiten bei starker Hitze anbraten, herausnehmen. Nun Paprika und Zwiebel andünsten, herausnehmen. Danach den Reis im gleichen Fett andünsten. Gemüse und Fleisch wieder dazugeben, heiße Brühe angießen, salzen, pfeffern und alles zugedeckt bei niedrigster Stufe garen, bis die Flüssigkeit vollkommen aufgenommen ist. Gelegentlich umrühren.
Mit Parmesankäse bestreuen.

20–40 Minuten

Fleisch

Schweinefleisch-Curry

400 g Schweinenacken, in kleine Streifen geschnitten
3 EL Currypulver, mild, nach Geschmack noch
1 TL scharfen Curry dazu
2 Schalotten, schälen und reiben
1 kleiner Apfel, schälen und reiben
2 EL Sojasauce
2 EL Öl
1 Messerspitze Piment oder Nelkenpfeffer
1 TL Zucker
½ Tasse Rotwein
2 TL gekörnte Brühe (Instant)
½ Becher Sahne
1 EL Kokosraspeln
Salz

20–40 Minuten

Fleischstreifen mit Currypulver pudern. Öl in der Pfanne erhitzen, Fleisch darin bräunen. Wenn die Bräunung beginnt, Schalotten mitdünsten, den geriebenen Apfel kurz mitschmoren, mit Rotwein auffüllen. Gekörnte Brühe, Sojasauce, Piment, Kokosraspeln und Zucker einrühren. Mit Deckel 15 Minuten bei kleiner Hitze köcheln lassen.
Sahne einrühren, mit Salz abschmecken und nach Geschmack eventuell noch 1 TL Curry dazugeben. Veränderungen der Sauce durch Hinzufügen von 1 TL hellen Rosinen oder 1 EL Mango-Chutney oder ½ TL Chilisauce.
Beilage: Reis.

Fleisch

Schweinekotelett in Zwiebelgemüse

20–40 Minuten

2 große Koteletts mit Fettrand
6 Zwiebeln, mittelgroß, in Scheiben schneiden
1 Lorbeerblatt
2 Gewürznelken
1 EL Zucker
2 TL gekörnte Brühe (oder 2 Bouillonwürfel)
schwarzer Pfeffer aus der Mühle
Salz

½ l Wasser mit Zwiebeln, Lorbeerblatt, Nelken und gekörnter Brühe zum Kochen bringen.
Koteletts einlegen, Zucker einstreuen und bei kleiner Hitze 20–25 Minuten offen köcheln lassen, bis sich das Fleisch leicht vom Knochen lösen läßt. Salzen und pfeffern.
Lorbeerblatt und Gewürznelken herausnehmen. Koteletts mit Brühe und Zwiebeln servieren.
Beilage: Salzkartoffeln.

Noch besser: 1 Glas Weißwein in den Sud!

Fleisch

Steak mit Wildreis und Salat

¾ Tasse Wildreis (nach Vorschrift auf der Packung kochen)
1 Rumpsteak
1 EL Butterschmalz
2 Scheiben Bacon (Frühstücksspeck), in schmale Streifen geschnitten
2 kleine Zwiebeln, fein gewürfelt
Pfeffer und Salz

20–40 Minuten

Den Fettrand des Rumpsteaks mehrmals einschneiden. Butterschmalz in einer Pfanne erhitzen. Das Rumpsteak von beiden Seiten je nach Geschmack 3–5 Minuten braten. Pfeffern und salzen. Aus der Pfanne nehmen. Auf eine warme Platte legen und, mit Alufolie bedeckt, nachziehen lassen. Die Baconstreifen in einer Pfanne auslassen, die Zwiebelwürfel hinzufügen und etwa 10 Minuten bräunen. ¾ Tasse gekochten Wildreis in die Mischung geben. Den ausgetretenen Fleischsaft des Rumpsteaks hinzufügen und zusammen erhitzen. Dazu grüner Salat.

Zwiebeltopf

20–40 Minuten

100 g durchwachsener Räucherspeck, fein würfeln
200 g Fleischwurst, in 1 cm große Würfel schneiden
250 g kleine Zwiebeln, pellen, ganz lassen
⅛ l Fleischbrühe (Instant)
¼ Tasse Weißwein
1 Lorbeerblatt
½ TL Zucker
schwarzer Pfeffer
Salz

Speckwürfel in einem mittelgroßen Topf bei kleiner Hitze unter Rühren 3 Minuten auslassen.
Zwiebeln dazugeben und unter Rühren 10 Minuten Farbe annehmen lassen. Mit Wein ablöschen.
Brühe und Lorbeerblatt dazugeben, mit Deckel bei kleiner Hitze 20 Minuten köcheln. Mit Zucker, Pfeffer, Salz abschmecken.
Wurstwürfel 5 Minuten vor dem Essen unterheben.
Dazu Pellkartoffeln.
Tiefgefroren 2 Monate haltbar.

Bratäpfel

2 ungeschälte Äpfel, mit kraterförmigem Schnitt Blüte und Kerngehäuse entfernen, ohne den Boden zu verletzen
1 EL Sultaninen in
2 EL Rum einweichen (30 Minuten)
2 TL Butter
2 TL Zucker, vermischt mit
1 Messerspitze Zimt

20–40 Minuten

Ofen auf 180 Grad vorheizen. Kleines Blech oder passende Auflaufform mit Butter fetten.
Ausgehöhlte Äpfel mit Rum-Rosinen füllen. Auf jeden Apfel 1 TL Zucker und 1 Butterflöckchen geben.
Auf der Mittelschiene des Ofens etwa 20–25 Minuten braten.

Sonntags-Eier-Brunch

1 Brötchen, in 1 cm große Würfel schneiden
50 g durchwachsener Speck, fein würfeln
50 g Goudakäse, in 1 cm große Würfel schneiden
1 TL glatte Petersilie, hacken
3 Eier
3 EL Sahne
1 Prise Muskat
Salz
Pfeffer

Backofen auf 180 Grad vorheizen.
Eier mit der Sahne verquirlen, Salz, Pfeffer, Muskat dazugeben.
Brötchen-, Speck- und Käsewürfel in kleiner, feuerfester Porzellanschüssel mischen und mit gewürztem Eier-Sahne-Gemisch begießen.
In der Mitte des Backofens bei 180 Grad etwa 30 Minuten garen.
Dazu passen frische Krabben, grüne Salate oder Kartoffelsalat ohne Mayonnaise.

20–40 Minuten

Entenbrust in Honigessig

2 Entenbrüste, salzen, pfeffern
1 mittlere Zwiebel, fein hacken
⅛ l Weißwein
1 EL Essig
2 EL Honig
½ EL Öl
Salz
weißer Pfeffer aus der Mühle

20–40 Minuten

Öl in Pfanne erhitzen und Brüste beidseitig etwa 10 Minuten bei Mittelhitze braten.
Gleichzeitig in einer Kasserolle Zwiebel, Essig, Wein und Honig etwa 10 Minuten unter Rühren bei Mittelhitze einkochen.
Bratensaft von der Entenbrust zur Sauce gießen. Salzen, pfeffern. Entenbrüste in Scheiben schneiden und mit der Sauce begießen.
Schmeckt warm oder kalt.
Beilage: Gemüsereis (Rezept Seite 133) oder Weißbrot.

Flädlesuppe

2 kleine Eier
100 g Mehl
⅛ l Milch, erwärmt
1 Prise Salz
weißer Pfeffer (1 Drehung aus der Mühle)
1 Prise Muskat
1 EL Butterschmalz
½ l Rinderbrühe (Instant)
1 TL Schnittlauchröllchen oder feingehackte Petersilie
1 Schuß Weißwein

Mehl mit warmer Milch anrühren, leicht salzen. 15 Minuten stehenlassen. Dann Eier aufschlagen, einrühren und mit Schneebesen gründlich durcharbeiten.
Bei großer Hitze nacheinander mit je ½ EL Butterschmalz 2 dünne, krosse Pfannkuchen von beiden Seiten backen (pro Stück etwa 5 Minuten).
Pfannkuchen heiß aufrollen, abkühlen lassen und in sehr dünne Streifen schneiden.
Brühe erhitzen, mit Salz, Pfeffer, Muskat und Wein abschmecken. Flädle in die Teller geben, mit Brühe auffüllen, mit Schnittlauch oder Petersilie bestreut servieren.

Schwäbischer Kartoffelsalat ✕ ✕

1½ kg Kartoffeln (festkochend, Salatkartoffeln)
1 TL Kümmel
1 EL Zucker
½ TL weißer Pfeffer
⅛ l Fleischbrühe (Instant)
5 EL Apfelessig
7 EL Öl
1 mittelgroße Zwiebel, fein würfeln
Salz

20–40 Minuten

Kartoffeln waschen, in der Schale in Salzwasser mit Kümmel 15–20 Minuten nicht zu weich kochen. Abgießen, abschrecken, pellen, im Kühlschrank abkühlen lassen.
Kartoffeln in dünne Scheiben schneiden.
Kartoffelscheiben in einer großen Schüssel zuerst mit der heißen Brühe übergießen, dann mit den Zutaten, außer dem Öl, vorsichtig durch Schütteln vermengen und 40 Minuten ziehen lassen.
Zum Schluß Öl dazugeben.
Je nach Geschmack verschiedene Kräuter (Schnittlauch, Petersilie, Ysop, Liebstöckel), Speckwürfel (ausgelassen), Tomatenscheiben, dünne Salatgurkenscheiben dazugeben.
Hält sich im Kühlschrank ohne Zwiebeln bis zu 3 Tage.
Eignet sich als Beilage zu Kurzgebratenem, Bratfisch, Würstchen, Spiegeleiern, harten Eiern und aufgebratenen Nudeln.

Gebackener Lauch

4 Lauchstangen, nur das Helle verwenden, gründlich waschen, abtropfen lassen
1 EL Butter
1 Tasse Fleischbrühe (Instant)
½ TL Zucker
1 Prise Muskat
Salz
weißer Pfeffer

Backofen auf 200 Grad vorheizen. Feuerfeste Form ausbuttern.

In 1 oder 2 Schichten die auf den Durchmesser der Form zurechtgeschnittenen Lauchstangen einlegen, Butter, Brühe, Salz, Pfeffer und Muskat dazugeben und auf der Mittelschiene des Ofens 40 Minuten mit Deckel garen. Nach 20 Minuten Lauch wenden.

Form aus dem Ofen nehmen. Lauch herausnehmen und warm stellen. Flüssigkeit bei großer Hitze in einer Pfanne offen mit dem Zucker unter Rühren einkochen. Lauch mit der Sauce übergießen. Sie soll sirupartige Konsistenz haben.

Matjes-Salat mit Paprika

2 Matjesfilets, in dicke Streifen schneiden
1 grüne Paprika, entkernen, in dünne Streifen schneiden (3 cm lang)
1 kleine Zwiebel oder 1 Bund Frühlingszwiebeln, in sehr dünne halbe Scheiben schneiden
½ Apfel, sehr fein würfeln
2 EL Öl
½ TL Essig
schwarzer Pfeffer

Alle Zutaten vermischen und mindestens ½ Stunde ziehen lassen.

20–40 Minuten

Möhren-Apfelsinen-Kaltschale

3 Möhren, putzen, in dünne Scheiben schneiden
1 Zwiebel, schälen, in dünne Scheiben schneiden
½ l Hühnerbrühe (Instant)
1 Bund Schnittlauch oder Sauerampfer, fein schneiden
2 Apfelsinen auspressen, Saft durchsieben
1 TL-Spitze Cayennepfeffer
½ TL Zucker
weißer Pfeffer aus der Mühle
Salz

Möhren und Zwiebel im Topf mit Deckel 30 Minuten in der Hühnerbrühe weich kochen.
Das Ganze im Mixer pürieren und den Apfelsinensaft dazugeben.
Mit Cayennepfeffer, Salz, weißem Pfeffer und Zucker pikant würzen. Mit Schnittlauch oder Sauerampfer bestreuen und gut gekühlt servieren.
Als Beilage Toast, dünn mit Knoblauchbutter bestrichen, oder Meterbrot.
Diese pikante Suppe ist bei jeder Party ein großer Erfolg. Sie hält sich 24 Stunden im Kühlschrank, sollte dann aber erst kurz vor dem Servieren mit Kräutern bestreut werden.
Kann ohne Kräuter bis zu 4 Monaten eingefroren werden.

20–40 Minuten

Kalte Möhrensuppe

¼ l Rinder- oder Hühnerbrühe (Instant)
250 g Möhren
1 TL getrocknete oder 1 EL frische Estragonblätter, hacken
½ Bund glatte Petersilie, hacken
1 Schuß Weißwein
Salz
weißer Pfeffer
Zucker

20–40 Minuten

Möhren putzen, in Stücke schneiden und 25 Minuten in der Bouillon mit den Estragonblättern zugedeckt kochen lassen. Vom Feuer nehmen.
Gemüse mit dem Schaumlöffel herausnehmen, gehackte Petersilie dazugeben und mit etwas Kochflüssigkeit im Mixer fein pürieren.
Püree in die erkaltende Bouillon einrühren, Weißwein dazugießen.
Mit wenig Salz und weißem Pfeffer und etwas Zucker abschmecken.
In den Kühlschrank stellen und eiskalt servieren.
Hält sich im Kühlschrank 2 Tage, tiefgefroren 4 Monate.

Glasierte Schalotten

250 g Schalotten, schälen
Salz
schwarzer Pfeffer
1 EL Zucker
½ Tasse Hühnerbrühe (Instant)
½ Tasse Weißwein
1 EL Estragonblätter, getrocknet
1 EL Butter
1 EL Öl

Schalotten in einer Pfanne mit Butter und Öl bis zur leichten Bräunung anziehen lassen. Rühren, dann mit Weißwein und Brühe ablöschen.
Zucker, Salz, Pfeffer und Estragon einrühren.
Auf kleiner Flamme zugedeckt 20 Minuten köcheln. Ab und zu rühren oder schwenken.
Nach 20 Minuten sollten die Schalotten weich und die Sauce sämig sein. Je nach Konsistenz Brühe nachgießen oder Schalotten warm stellen und Sauce auf großer Hitze unter Rühren offen reduzieren. Schalotten in der Sauce servieren.
Schalotten warm als Beilage zu Fleisch, kühl als kleinen raffinierten Salat (Zimmertemperatur).

20–40 Minuten

Tomatensuppe III

6 große, reife Fleischtomaten
½ l Rinderbouillon (Instant)
2 EL Tomatenmark
1 Knoblauchzehe, zerdrücken
½ TL Thymian
½ TL Oregano
2 EL Gin
1 TL Zucker
Salz
weißer Pfeffer aus der Mühle

20–40 Minuten

Tomaten zerschneiden und im Mixer pürieren.
In den Topf geben und mit Fleischbrühe auffüllen.
Tomatenmark, Knoblauchmus, Thymian und Oregano dazugeben und mit Deckel bei kleiner Hitze etwa 20 Minuten köcheln lassen.
Alles durch ein feines Sieb passieren.
Salz, Pfeffer, Gin, Zucker dazugeben und noch einmal ganz kurz aufkochen lassen.
Schmeckt auch als kalte Suppe.
Portionsweise ohne Gin einfrieren. Hält sich 6 Monate.

Zwiebel-Kaltschale

½ l Hühnerbrühe (Instant)
4 Zwiebeln, enthäuten, vierteln
1 Stengel Liebstöckel, Blätter grob hacken
½ TL Zucker
1 TL Kräuter-Essig
Salz, weißer Pfeffer

20–40 Minuten

Zwiebeln in der Bouillon mit dem Liebstöckel zugedeckt 25 Minuten kochen lassen. Vom Feuer nehmen.
Zwiebeln und Liebstöckel mit dem Schaumlöffel herausnehmen. Mit etwas Kochflüssigkeit im Mixer fein pürieren.
Püree in die erkaltende Bouillon einrühren, Kräuteressig hinzufügen.
Mit wenig Salz und Pfeffer und Zucker abschmekken.
In den Kühlschrank stellen und eiskalt servieren.
Dazu frisches Weißbrot.
Hält sich im Kühlschrank 3 Tage, tiefgefroren 4 Monate.

Eigenes Rezept 193

20–40 Minuten

194 **Eigenes Rezept**

20–40 Minuten

Gourmet-Küche

Pikante Buttermischungen

Alle Buttermischungen halten sich 1 Woche im Kühlschrank. Mit Buttermischungen bestrichene Brotecken ergeben eine auch optisch reizvolle Platte.

Sardellenbutter

2 TL Sardellen- oder Anchovispaste
1 Schalotte, fein gehackt
1 EL Kapern, fein gehackt
100 g weiche Butter

Alles gut verrühren.
Zubereitungszeit: 10 Minuten

Meerrettichbutter

1 EL geriebener Meerrettich
1 EL Zitronensaft
1 Prise Salz
1 Prise Zucker
100 g weiche Butter

Alles gut verrühren.
Zubereitungszeit: 10 Minuten

Knoblauchbutter

1 Zehe Knoblauch, zerdrückt
1 EL Zitronensaft
1 hartgekochtes Eigelb, zerdrückt
1 Prise Salz
100 g weiche Butter

Alles gut verrühren.
Zubereitungszeit: 10 Minuten

Gourmet-Küche

Kräuterbutter

2 EL Kräuter, fein gehackt (Dill, Petersilie, Estragon, Borretsch, Pimpinelle, Kerbel)
2 EL Zitronensaft
1 Prise Salz
1 Knoblauchzehe, zerdrückt
1 Eigelb
100 g weiche Butter

Alles gut verrühren.
Zubereitungszeit: 15 Minuten

Senfbutter

1 EL Estragonsenf oder Moutarde ancienne
2 hartgekochte Eidotter, zerdrückt
1 Prise Salz
1 Prise Zucker
100 g weiche Butter

Alles gut verrühren.
Zubereitungszeit: 10 Minuten

Gourmet-Küche

Pfifferlingsbutter

3 EL Pfifferlinge, roh püriert
1 EL glatte Petersilie, fein gehackt
1 kleine Schalotte, fein gehackt
1 hartgekochter Eidotter, zerdrückt
Saft von ½ Zitrone
schwarzer Pfeffer aus der Mühle
1 Prise Salz
100 g weiche Butter

Alles gut verrühren.
Zubereitungszeit: 15 Minuten

Brotaufstrich

Currybutter

2 TL milder Curry
1 Schalotte, fein gehackt
1 TL Curry, scharf
1 EL Rosinen, gehackt
1 hartgekochtes Ei, fein gehackt
½ Banane, zerdrückt
Saft von ½ Zitrone
Salz nach Geschmack
100 g weiche Butter

Alles gut verrühren.
Zubereitungszeit: 15 Minuten

Tomatenbutter

1 EL Tomatenmark
1 EL Basilikumblätter, in Streifen geschnitten
1 Schalotte, fein gehackt
3 Scheiben Tomaten ohne Kerne, fein gewürfelt
100 g weiche Butter

Alles gut verrühren.
Zubereitungszeit: 10 Minuten

Gourmet-Küche

Salate

Broccoli mit Krabben und Johannisbeer-Dressing

200 g Broccoliröschen (entspricht 400 g Broccoli mit Stiel), in kochendem Salzwasser 6–12 Minuten nicht zu weich garen und abtropfen lassen
100 g rotblättrigen Salat, z.B. Radicchio oder Eichblatt-Salat, klein zupfen
125 g Krabbenfleisch
1 TL feingehackte glatte Petersilie
1 kleine Knoblauchzehe, zerdrücken
4 EL Olivenöl
4 EL Johannisbeersaft
2 EL Essig
weißer Pfeffer
½ TL Salz
½ TL Zucker

Gourmet-Küche

Öl, Essig, Saft, Zucker, Salz, Pfeffer, Knoblauch und Petersilie in großer Schüssel verrühren.
Broccoli, Krabben und Radicchio vorsichtig mit der Sauce vermischen und 10 Minuten ziehen lassen.
Als Vorspeise oder komplette kalte Mahlzeit mit frischen Roggenbrötchen.

Chicoréesalat

2 Chicoréestauden, mit spitzem Messer den bitteren Kern ausstechen und wegwerfen, in Ringe schneiden
1 Apfelsine, schälen, das Fleisch würfeln, Saft dabei aufheben
½ Becher Joghurt
2 TL Ketchup
2 EL Mayonnaise
weißer Pfeffer, Salz

Gourmet-Küche

Aus Joghurt, Mayonnaise und Ketchup eine Marinade rühren. Mit Salz und Pfeffer abschmecken. Unter die Chicoréestauden und das Apfelsinenfleisch mit dem Saft mischen.
15 Minuten ziehen lassen.

Salate

Curryreis-Salat

2 Tassen gekochter Reis
2 EL Pinienkerne
5 EL Öl
1 gehäufter TL Curry
1 EL Mango-Chutney
Saft von ½ Zitrone
Salz, Pfeffer

Die Pinienkerne in der trockenen Pfanne kurz rösten. Öl erhitzen, den Curry ganz kurz darin dünsten. Vom Herd nehmen. Reis, Chutney und Zitronensaft unterheben. Mit Salz und Pfeffer abschmecken.
Geröstete Pinienkerne darüberstreuen.

schmeckt warm und kalt!

Gourmet-Küche

Fenchelsalat

1 Fenchelknolle
1 EL Zitronensaft
3 EL Olivenöl
Salz, Pfeffer
½ TL Zucker
1 Fleischtomate, in dünne Scheiben schneiden

Gourmet-Küche

Den holzigen Boden der Fenchelknolle abschneiden, auf dem Gurkenhobel in hauchdünne Scheiben schneiden. Die jungen grünen Blätter feinhakken, daruntermischen. Aus dem Öl und Zitronensaft eine kleine Marinade herstellen. Zucker, Salz und Pfeffer einrühren, über die Fenchelscheiben gießen. Mit Tomatenscheiben belegen und zum Schluß mit einer Drehung Pfeffermühle bestäuben.
30 Minuten ziehen lassen.

Schneller Fleischsalat

400 g kaltes Fleisch jeder Art, gekocht oder gebraten, in dünne Streifen schneiden (Es eignen sich auch Salami-Streifen)
1 hartgekochtes Ei, hacken
1 Tomate, in dünne Scheiben schneiden
2 kleine Gewürzgurken, schälen, fein würfeln
3 EL feingehackte, gemischte Kräuter (glatte Petersilie, Dill, Schnittlauch, Kerbel, Kresse)
5 EL Öl
1 TL scharfer Senf
3 EL Zitronensaft
½ TL Zucker
schwarzer Pfeffer aus der Mühle
Salz

Senf, Pfeffer, Salz, Zucker, Öl, Zitronensaft, Kräuter, Gurken und gehacktes Ei zu einer Sauce verrühren. Fleisch in die Sauce geben, mindestens 20 Minuten ziehen lassen. Gelegentlich wenden. Dazu Schwarzbrot mit gesalzener Butter.

Gourmet-Küche

Lauchsalat

2 Lauchstangen (Porree), Wurzeln abschneiden, weißen Teil dünn schälen, der Länge nach halbieren und waschen
2 hartgekochte Eier, in Scheiben schneiden
½ l Instant-Bouillon

Sauce:
3 EL Öl
1 EL Obstessig (oder Zitronen- oder Sherry-Essig)
1 EL Schnittlauch, fein geschnitten
1 EL Kresse, grob gehackt
Salz
weißer Pfeffer aus der Mühle
1 Prise Zucker

Lauch in kochender Bouillon etwa 4 Minuten garen, herausnehmen und abgetropft in mundgerechte, gleich große Stücke schneiden. (Die Bouillon als Basis für Suppen aufheben.)
Zutaten für die Sauce zusammenrühren.
Lauch in der Sauce wenden, anrichten, mit Eiern garnieren.

Panzanella (italienischer Brotsalat)

3 Scheiben altbackenes Graubrot
1 EL Weinessig
3 Stangen Staudensellerie, grob hacken
1 Fleischtomate, entkernen, grob würfeln
1 rote Zwiebel, grob hacken
2 EL Olivenöl
Salz, Pfeffer
einige Blätter Basilikum

Die Brotscheiben toasten, anschließend in kaltem Wasser einweichen und ausdrücken. Mit Essig beträufeln und fein zerkrümeln. Sellerie, Tomate und Zwiebel unter das Brot mischen. Mit Olivenöl, Salz, Pfeffer und Basilikum anmachen. Vor dem Servieren kalt stellen.

Gourmet-Küche

Rotkrautsalat

1 kleiner Kopf Rotkohl, ca. 300 g, ohne äußere Blätter, vierteln, Strunk entfernen, in sehr dünne Streifen schneiden oder hobeln
2 EL Weinessig
4 EL Öl
½ EL Zucker
weißer Pfeffer aus der Mühle
Salz
nach Geschmack ½ TL Kümmelpulver

Gourmet-Küche

Rotkohl-Streifen in etwa 1 l kochendem Salzwasser mit einem Schuß Essig 5 Minuten bei großer Hitze kochen. Sehr gut abtropfen lassen.
Sauce aus Essig, Öl, Salz, Pfeffer, Zucker rühren. Rotkohl warm darin wenden und einige Stunden, besser über Nacht, ziehen lassen. Noch einmal abschmecken.
Geschälte Apfelstücke (Scheiben oder Streifen) und Rosinen sind als Verfeinerung geeignet.
Als Beilage zu kurzgebratenem Fleisch.
Im Kühlschrank bis zu 5 Tagen haltbar.

Spargelsalat

500 g Spargel, schälen, in Salzwasser oder
Instant-Brühe etwa 12 Minuten kochen,
abtropfen, in 2 cm große Stücke schneiden
1 hartgekochtes Ei, hacken
1 kleine Zwiebel, fein hacken
100 g gekochter Schinken, ohne Fett, fein würfeln

Sauce:
1 EL feingeschnittener Schnittlauch oder frischer
Kerbel
1 EL Dill, fein zupfen
3 EL Obstessig
5 EL Öl
Zucker
weißer Pfeffer aus der Mühle
Salz

Zutaten für die Sauce verrühren.
Ei, Zwiebel, Spargelstücke und Schinken in der Sauce wenden und 30 Minuten ziehen lassen.

Gourmet-Küche

Gourmet-Küche

Spinatsalat

200 g Spinat, verlesen ohne Stiele, gründlich waschen (je nach Geschmack und Zartheit des Spinats entweder roh oder ganz kurz in kochendem Salzwasser blanchieren und abtropfen)

Sauce:
1 EL feine Zwiebelwürfel
1½ EL Olivenöl
1 EL Zitronensaft (oder Essig)
Salz
weißer Pfeffer aus der Mühle
Zucker
nach Geschmack: 1 kleine zerdrückte Knoblauchzehe

Zutaten für Salatsauce zusammenrühren. Abgetropften Spinat 20 Minuten darin ziehen lassen. (Blanchierten Spinat noch etwas kleinschneiden, rohe Blätter ganz lassen.)
Nur für den sofortigen Verzehr.

Salate

Zucchini mit Basilikumsahne

3 kleine Zucchini, ungeschält
½ Becher Sahnejoghurt
1 TL Mayonnaise
etwas geriebene Zwiebel und Knoblauch
1 EL gehackte Basilikumblätter
1 Prise Zucker
1 Schuß Essig
Salz, Pfeffer

Gourmet-Küche

Zucchini im Ganzen in leicht gesalzenem Wasser mit einem Schuß Essig 7 Minuten kochen. Abgießen und abkühlen lassen. Sahnejoghurt mit Mayonnaise, geriebener Zwiebel und Knoblauch, Salz, Pfeffer und der Prise Zucker verrühren. Grob gehackte Basilikumblätter unterheben. Über die längs halbierten Zucchini verteilen.
Dazu Weißbrot.

Zucchinisalat mit saurer Dillsahne

2 kleine Zucchini
2 EL Dill, zupfen
1 EL Crème fraîche
2 EL Magermilch-Joghurt
Saft von ½ Zitrone
1 TL Zucker
Salz
weißer Pfeffer aus der Mühle

Gourmet-Küche

Zucchini ungeschält in dünne Scheiben schneiden. Salzen und 20 Minuten stehenlassen. Dann die ausgetretene Flüssigkeit abgießen.
In der Zwischenzeit die Sauce herstellen: Crème fraîche mit Joghurt, Salz, Pfeffer, Zucker, Dill und Zitronensaft verrühren.
Zucchini in die Salatschüssel geben und mit der Sauce übergießen, mindestens 10 Minuten ziehen lassen und noch einmal durchmischen.
Der Salat ist auch nach 24 Stunden Kühlschrank noch knackig.

Béchamelsauce

3 EL Butter
100 g magerer Schinken, sehr fein würfeln
3 TL Mehl
¼ l Rinderbouillon (Instant)
¼ l heiße Milch
6 EL steifgeschlagene Sahne
Salz
weißer Pfeffer

Gourmet-Küche

Butter zerlassen, den sehr fein gewürfelten Speck darin ausbraten. Das Mehl überstäuben und gut mit durchschwitzen; es kann ganz leicht Farbe annehmen.
Mit Brühe und Milch ablöschen und gut durchkochen.
Mit Salz und frisch gemahlenem Pfeffer würzen. Kurz vor dem Servieren die geschlagene Sahne unterziehen.
Zu Spargel oder, wie in Dänemark, zu Pellkartoffeln und Räucherlachs rührt man 2 Bund fein gezupften Dill in die Sauce ein.

Dillsauce

Paßt zu Fisch, kaltem Braten, Eiern und Spargel.

2 Schalotten, fein hacken
2 EL Butter
3–4 EL feingezupfter Dill
100 g Crème fraîche
½ TL Stärkemehl, in wenig Wasser glattrühren
½ Tasse Fleischbrühe (Instant)
2 TL Zitronensaft
½ TL Zucker
Salz
weißer Pfeffer

Gourmet-Küche

Butter in kleinem Topf erhitzen und Schalotten bei kleiner Hitze unter Rühren 3 Minuten anschwitzen.
2 EL Dill, Crème fraîche, Zitronensaft und Fleischbrühe zugeben und 10 Minuten offen bei kleiner Hitze einkochen. Ab und zu rühren. Stärkemehl einrühren und mit Salz, Pfeffer und Zucker abschmecken. Noch 5 Minuten köcheln. Zum Schluß mit dem restlichen Dill bestreuen. Nicht mehr kochen.

Haselnußsauce

Paßt zu Spargel, Schwarzwurzeln, Zunge, Kalbfleisch und zu Kochfisch.

1 gehäufter EL geriebene Haselnüsse
⅛ l Fleischbrühe (Instant), heiß
⅛ l Milch
1 EL Zitronensaft
1 Eigelb mit 2 EL Sahne verrühren
½ TL Zucker
2 EL Butter
½ EL Mehl
Salz
weißer Pfeffer
1 Prise Muskat

Gourmet-Küche

Butter in kleinem Topf bei kleiner Hitze zerlassen. Geriebene Haselnüsse 2 Minuten unter Rühren darin anrösten.
Mehl dazugeben und noch 1 Minute rühren.
Mit Milch und Brühe löschen, mit Schneebesen rühren und 10 Minuten bei kleiner Hitze kochen.
Vom Feuer nehmen. Eigelb einrühren, nicht mehr kochen, Sauce mit Zitronensaft, Zucker, Salz, Pfeffer und Muskat abschmecken.
Wenn die Sauce zu dick wird, beim Kochen noch etwas heißes Wasser zufügen.

Käsesauce

Paßt zu Blumenkohl, Lauchgemüse, Chicorée, Nudeln. (Damit lassen sich auch Aufläufe überbakken.)

2 EL Butter
1 EL Mehl
¼ l Fleischbrühe (Instant)
100 g geriebener Käse (Allgäuer Emmentaler oder Appenzeller)
⅛ l Sahne mit
1 Eigelb verquirlen
etwas rote, frische Chilischote, ganz fein würfeln
(oder ¼ TL Chilisauce)
Salz

Butter und Mehl bei Mittelhitze unter Rühren in der Pfanne anschwitzen. Bevor das Mehl bräunt, mit Brühe ablöschen, 3 Minuten durchkochen und dann den geriebenen Käse unterrühren.
Sahne-Eigelb-Mischung einrühren. Dabei nicht mehr kochen lassen. Würzen.
Zum Schluß die gewürfelten Chilis dazugeben. Die Sauce soll dickflüssig sein.

Gourmet-Küche

Madeirasauce

Paßt zu vielen Fleisch- und Geflügelgerichten; besonders gut zu Zunge, aber auch zu Fasan, Rebhuhn und Geflügelleber.

⅛ l entfetteter Bratenfond oder Bratensaft
1 Tasse Rinderbouillon (Instant)
½ TL Speisestärke, mit etwas Wasser glattrühren
½ Tasse Madeira
Salz
weißer Pfeffer aus der Mühle

Bratenfond in Kasserolle stark erhitzen, mit der Bouillon ablöschen und bei Mittelhitze 10 Minuten unter Zugabe der Instant-Brühe durchkochen. Mit Stärkemehl binden, Madeira dazugeben, mit Salz und Pfeffer abschmecken.

Saucen

Kalte Minzsauce

Delikat zu jedem Fischsalat, aber geradezu sensationell zu gekochtem oder gebratenem Fisch.
Paßt auch zu Lammfleisch.

3 EL Olivenöl
1 EL Zitronensaft
½ TL Salz
½ TL schwarzer Pfeffer
1 EL frische feingehackte Minze
2 TL Zucker

Alle Zutaten in ein Schraubglas geben, verschließen und gut schütteln. 1 Stunde im Kühlschrank stehenlassen.
Hält sich im Kühlschrank 3 Wochen.

Sauce für Obstsalat

75 g Puderzucker
2 Eigelb
2 Gläser Fruchtlikör (z. B. Cherry, Grand Marnier oder Amaretto)
1 Prise Salz

Puderzucker mit Eigelb und der Prise Salz schaumig rühren. Likör kurz erhitzen und unter Schlagen nach und nach zufügen. Sofort über den kalten Obstsalat gießen.

Gourmet-Küche

Paprikasauce

Paßt zu Kalbs- oder Schweineschnitzel, Nieren, Geflügel, Putenleber oder gedünstetem Seefisch.

1 Bund Suppengrün, putzen, in feine Scheiben bzw. Streifen schneiden
100 g magerer Schinken, fein würfeln
½ Lorbeerblatt
1 Gewürznelke
3 EL Butter
4 EL Paprika, edelsüß (oder 2 EL Rosenpaprika)
½ Tasse Rotwein
¼ l Fleischbrühe (Instant)
1 TL gekörnte Brühe
⅛ l saure Sahne
1 EL Tomatenmark
1 TL Zucker

Gourmet-Küche

Butter in schwerem Topf heiß werden lassen. Suppengrün, Lorbeerblatt und Nelke mit dem Schinken darin anschwitzen. Paprika einstreuen und mitrösten (etwa 3 Minuten).
Mit Rotwein und Fleischbrühe ablöschen, Tomatenmark einrühren, etwas heißes Wasser dazugeben und 25 Minuten ohne Deckel bei Mittelhitze durchkochen.
Alles durch ein Sieb passieren. Flüssigkeit mit saurer Sahne durchrühren und mit der gekörnten Brühe (statt Salz) abschmecken. Noch einmal aufkochen und nach Geschmack mit Paprika und Zucker abrunden.

Pilzsauce

Paßt gut zu Rindfleisch und Kurzgebratenem.

250 g Waldpilze, putzen, fein hacken
1 EL feingehackte Zwiebel
1 EL feingehackte glatte Petersilie
1 EL Butter
1 TL Stärkemehl, in etwas Brühe glattgerührt
½ l Fleischbrühe (Instant)
1 EL Sojasauce
Salz
1 Prise Muskat

Butter in Kasserolle zerlassen. Pilze, Zwiebel, Petersilie dazugeben und unter ständigem Rühren bei Mittelhitze schmoren, bis das Ganze eindickt. Mit Fleischbrühe ablöschen, Sojasauce dazugeben und 15 Minuten unter gelegentlichem Rühren offen einkochen. Stärkemehl einrühren, kurz aufkochen und mit Salz und Muskat abschmecken.
In Kleinportionen tiefgefroren haltbar bis zu 3 Monaten.

Gourmet-Küche

Saucen

Kalte Senfsauce

⅛ l Sahne
2 TL scharfer Senf
2 TL süßer Senf
2 TL grober, französischer Senf (Moutarde ancienne)
½ TL abgeriebene Zitronenschale (unbehandelt)
Salz, schwarzer Pfeffer
½ TL Zucker

Sahne steif schlagen.
Senfsorten, geriebene Zitronenschale und Gewürze unterheben, abschmecken.
Zu gekochtem Fisch, kaltem Rindfleisch oder hartgekochten Eiern.

Gourmet-Küche

Warme Senfsauce

Eignet sich zu gekochtem Fisch und Rindfleisch, gut auch zu gekochten Eiern.

2 Zwiebeln, fein hacken
2 EL Öl
1 Prise Salz
1 Prise Pfeffer
½ Tasse Weißwein,
1 TL Zitronensaft
4–5 EL Senf, mittelscharf (oder 4 TL Senfpulver, mit wenig Wasser glattrühren, 10 Minuten stehenlassen)
3 EL Butter, kalt in Flocken

Zwiebeln in Öl mit Salz und Pfeffer in schwerem Topf anbraten, ohne daß sie Farbe annehmen. Mit Weißwein ablöschen.
Ohne Deckel bei Mittelhitze stark einkochen lassen, dann Zitronensaft und Senf einrühren.
Vom Herd nehmen und mit dem Schneebesen die kalte Butter in die Sauce schlagen.

Gourmet-Küche

Schmorapfel-Sauce

1 saurer Apfel, schälen, entkernen, vierteln und in Scheiben schneiden
½ EL geriebener Meerrettich
50 g geriebener Käse (Emmentaler)
½ Tasse Weißwein
½ TL Zucker
¼ Tasse Sahne
Salz
weißer Pfeffer aus der Mühle

Bratensatz vom Kurzgebratenen mit etwas Wein ablöschen, Käse, Meerrettich und Sahne dazugeben. Bei kleiner Hitze unter Rühren 10 Minuten einkochen. Mit Salz und Pfeffer abschmecken. Daneben die Apfelscheiben in kleinem Topf in Weißwein und Zucker bei kleiner Hitze mit Deckel 10 Minuten schmoren.
Eine Sauce, die zu allem Kurzgebratenen paßt.
Fleisch mit Äpfeln und Sauce anrichten.

Gourmet-Küche

Heißes Eiernest

350 g gemischtes Hackfleisch
100 g grüne Peperoni (milde) *oder*
Gemüsepaprika, in Streifen schneiden
2 Zwiebeln, grob würfeln
3 EL Öl
1 TL Paprika, edelsüß
½ TL Majoran
1 EL Tomatenmark
4 Eier
Salz, Pfeffer
2 TL geriebener Parmesankäse

Zwiebelwürfel in Öl glasig dünsten. Hackfleisch, Peperoni, Paprikapulver, Salz, Pfeffer und Majoran hinzufügen. Bei starker Hitze unter Wenden 5 Minuten braten.
Tomatenmark unterrühren. Mit Löffelrücken kleine Mulden für die Eier schaffen, diese hineinschlagen, mit Parmesan bestreuen und zugedeckt bei kleiner Hitze 5–7 Minuten garen.
Dazu türkisches Fladenbrot oder getoastetes Graubrot.

Gourmet-Küche

Fleisch

Fleischbällchen italienisch

250 g gemischtes Hack
50 g Parma- oder gekochter Schinken, fein würfeln
1 Ei
1 Bund Petersilie, Blätter fein hacken
1 EL Parmesankäse
frisch gemahlener Pfeffer
etwas Salz
2 EL Semmelmehl
2 EL Öl

Gourmet-Küche

Hack, Schinken, Petersilie, Ei, Parmesan, Pfeffer und Salz vermengen. Mit angefeuchteten Händen kleine Bällchen formen. Im Semmelmehl wälzen und in heißem Öl rundherum 8 Minuten braten. Als Beilage dazu Salat.

China-Hähnchen

300 g Hähnchenbrust, ohne Knochen
2 EL salzige Sojasauce
1 EL Ketchup
3 EL trockener Weißwein
3 EL Öl
3 Frühlingszwiebeln, nur das Weiße
3 EL Cashewnüsse

Hähnchenbrust in Streifen schneiden. In Sojasauce und Weißwein 1 Stunde marinieren. Frühlingszwiebeln schräg in Stücke schneiden. Abgetropftes Fleisch in 2½ EL sehr heißem Öl unter Wenden schnell anbraten. Zwiebeln dazugeben und 1 Minute mitbraten. Die Marinade mit Ketchup dazugießen. Bei milder Hitze 2 Minuten schmoren. Inzwischen Cashewkerne in heißer Pfanne mit 1 TL Öl goldbraun rösten und zum Fleisch geben. Dazu Reis.

Gourmet-Küche

Gänseklein mit Petersiliensauce

Gourmet-Küche

Flügel, Hals, Magen und Herz von der Gans – tiefgefroren
1 Bund Suppengrün, kleinschneiden
1 EL gekörnte Brühe (Instant)
1 Lorbeerblatt
1 TL Zucker
1 EL Mehl
2 EL Butter
2 TL Zitronensaft
2 Bund glatte Petersilie, Stiele und Blätter getrennt fein hacken
2 Petersilienwurzeln, dünne Scheiben schneiden
3 Möhren, in dünne Scheiben schneiden
Salz, weißer Pfeffer aus der Mühle

Gänseteile mit 1 l Wasser, Lorbeerblatt und Suppengrün bei großer Hitze aufsetzen. 5 Minuten sprudelnd kochen lassen. Abschäumen. Danach bei Mittelhitze 45 Minuten zugedeckt kochen lassen.
Gänseklein herausnehmen. Brühe durch ein Sieb gießen und beiseite stellen. Suppengrün wegwerfen. Fleisch von den Knochen lösen.
Etwas Brühe abnehmen und darin in kleinem Topf die Petersilienstengel, Möhren und Petersilienwurzeln 20 Minuten köcheln. Gekörnte Brühe dazugeben.
Butter im Suppentopf zerlassen, Mehl durch ein kleines Sieb darüberstäuben. Rühren. Sowie sich das Mehl mit der Butter verbunden hat, mit Brühe unter Rühren ablöschen und köcheln lassen.

Gekochtes Gemüse mit Brühe und Fleisch dazugeben. Durchrühren und bei kleiner Hitze offen noch 10 Minuten köcheln lassen. In den letzten 2 Minuten die gehackte Petersilie einrühren. Mit Zitronensaft, Zucker, Salz und weißem Pfeffer (nach Geschmack eine Prise Muskat) abschmecken.
Ententeile lassen sich genauso zubereiten.
Tiefgefroren 8 Wochen haltbar.

Gourmet-Küche

Gebratene Hasenkeulen

4 gespickte Hasenkeulen
200 g saure Sahne (oder Crème fraîche)
1 Tasse Rotwein
5 Wacholderbeeren, zerdrücken
1 TL Speisestärke mit 4 EL Cognac verquirlen
2 EL Öl
Salz
schwarzer Pfeffer aus der Mühle
1 Prise Zucker

Gourmet-Küche

Keulen mit Salz, Pfeffer und Wacholder einreiben. Öl in einer Kasserolle erhitzen. Keulen hineinlegen und bei großer Hitze unter Wenden etwa 5 Minuten von allen Seiten stark anbraten.
Mit Rotwein löschen und mit Deckel bei kleiner Hitze etwa 50 Minuten gar schmoren. Ab und zu wenden und mit dem eigenen Saft begießen.
Keulen herausnehmen und warm stellen. Saure Sahne (oder Crème fraîche) und Speisestärke-Cognac-Mischung dazugeben und offen unter Rühren 5 Minuten bei großer Hitze einkochen. Mit Salz, Pfeffer und Zucker abschmecken.
Beilage: Salzkartoffeln und Rotkohl.

Venezianische Leber

300 g Jungrind- oder Kalbsleber, in Streifen schneiden
3 Zwiebeln, in dünne halbe Ringe schneiden
1 Bund Petersilie, fein hacken
1 EL Butter
1 EL Olivenöl
1 TL getrocknete Salbeiblätter, oder 6 frische, halbieren
⅛ l trockener Weißwein
Salz, frisch gemahlener Pfeffer

Fett in der Pfanne erhitzen. Die Leber schnell unter Wenden etwa 4 Minuten braten. Herausnehmen. Die Zwiebeln in derselben Pfanne glasig dünsten. Salbei, Salz und Pfeffer dazugeben, den Wein angießen. Die Leber unterheben. 2 Minuten offen köcheln lassen. Petersilie darüberstreuen. Reis oder Spätzle dazu.

Gourmet-Küche

Fleisch

Schweinefilet mit Backpflaumen

400 g Schweinefilet im Stück
100 g Backpflaumen, ohne Stein, 30 Minuten in
¼ l lauwarmem Wasser einweichen, dann halbieren
1 Knoblauchzehe, zerdrücken
⅛ l Sahne
1 EL Sojasauce
1 TL Mehl
1 EL Butter
Salz, Pfeffer

Das Filet salzen, pfeffern und hauchdünn mit Mehl bestäuben. Rundherum schnell in Butter im Topf anbraten. Knoblauch und Backpflaumen mit ⅛ l Einweichflüssigkeit dazugeben. Mit Deckel 15 Minuten schmoren. Filet und Backpflaumen herausnehmen, warm halten. Sahne in den Fond rühren und offen um die Hälfte einkochen. Mit Sojasauce abschmecken. Fleisch aufschneiden. Sauce über Fleisch und Backpflaumen geben. Dazu Baguette.

Gemüse

Rosenkohl auf orientalische Art

200 g gemischtes Hackfleisch
1 Zwiebel, würfeln
3 EL Öl
1 kleine Dose Tomaten, abtropfen lassen
250 g Rosenkohl
4 EL saure Sahne
2 EL Dill, fein hacken
Pfeffer, Salz
1 Prise Zucker

Das Hackfleisch und die Zwiebel in Öl anbraten. Die Tomaten und den Rosenkohl dazugeben. Kräftig mit Salz, Pfeffer und Zucker würzen.15 Minuten schmoren. Saure Sahne und Dill darübergeben.

Gourmet-Küche

Maisvesper

2 Maiskolben
50 g geräucherter Schinken, sehr fein würfeln
1 EL gehackte glatte Petersilie
4 EL Butter
Salz
schwarzer Pfeffer

Gourmet-Küche

Mais in kochendem Salzwasser 20 Minuten bei kleiner Hitze mit Deckel leise kochen. Gut abtrocknen.
Maiskolben in der Pfanne unter häufigem Wenden in Butter bei Mittelhitze etwa 7 Minuten goldbraun braten. Herausnehmen und warm stellen.
Schinkenwürfel in dem Fett 2 Minuten unter Rühren bei Mittelhitze anschwitzen. Pfeffern und Petersilie untermischen. Über die Maiskolben verteilen.

Birnen-Dessert

2 große feste Birnen
2 EL gehackte Walnüsse (oder Kokosraspeln)
1 EL Orangenmarmelade
1 EL Sesamkörner, ohne Fett anrösten
⅛ l Weißwein

Birnen schälen, längs halbieren und das Kerngehäuse herausschälen. In eine feuerfeste Form legen. Nüsse, Marmelade und angeröstete Sesamkörner verrühren, auf die Birnenhälften geben. Den Wein zugießen. Bei 225 Grad 15 Minuten backen. Eventuell Vanilleeis dazu.

Gourmet-Küche

Kirschen in Himbeersauce

250 g Himbeeren, frisch oder tiefgefroren
250 g schwarze Kirschen, waschen, entsteinen
150 g Puderzucker
3 EL Crème fraîche
1 EL Himbeergeist

Portionsgläser mit entsteinten Kirschen zur Hälfte füllen.
Himbeeren mit Puderzucker und Crème fraîche verrühren und durch ein Haarsieb drücken. Himbeergeist in das Püree einrühren.
Portionen mit Himbeermus auffüllen und 2 Stunden im Kühlschrank ziehen lassen.

Gourmet-Küche

Nuß-Frucht-Salat

150 g frische Walnüsse, Haut abziehen, halbieren
2 große saure Äpfel, entkernen, ungeschält fein würfeln, einzuckern und 10 Minuten stehenlassen
4 EL Zucker
1 EL Zitronensaft
5 EL flüssiger Honig
½ Dose Sauerkirschen, ohne Stein
1 EL Kirschwasser
1 Becher Sahne, mit Vanillezucker steif schlagen

Die vorbereiteten Äpfel mit Kirschwasser befeuchten. Fast alle Nüsse und Kirschen untermischen. Mit Honig übergießen und 10 Minuten kalt stehenlassen.
Einmal durchrühren. Sahnehaube aufsetzen und diese mit den restlichen Kirschen und Nußhälften garnieren.

Gourmet-Küche

Rhabarber-Kaltschale

250 g Rhabarber, in Stücke schneiden
1 Streifen Zitronenschale
½ Tasse Weißwein
2–3 EL Zucker
¼ Päckchen Vanillepuddingpulver

Rhabarber mit Zucker, Zitronenschale und Wein kalt aufsetzen und zum Kochen bringen. Puddingpulver mit etwas Wasser glattrühren und einrühren, wenn die Flüssigkeit im Topf kocht. Mit Deckel bei kleiner Hitze 3 Minuten köcheln lassen. Kalt werden lassen.

Gourmet-Küche

Rote Grütze aus Saft

¼ l roter Johannisbeersaft
¼ l schwarzer Johannisbeersaft
¼ l Kirschsaft
1 Zimtstange
Schale von 1 ungespritzten Zitrone
¼ Vanilleschote, in 4 Streifen schneiden
100 g Speisestärke, mit etwas Wasser glattrühren
4 EL Zucker

Säfte mit ¼ l Wasser, Zucker, Zimt, Zitronenschale und Vanilleschote offen bei Mittelhitze 5 Minuten kochen. Vom Feuer nehmen.
Speisestärke einrühren, noch 3 Minuten bei kleiner Hitze köcheln.
Im Kühlschrank kalt werden lassen.
Tip: Am besten mit kalter Milch im tiefen Teller servieren. Bei ungezuckerten Säften Zuckermenge erhöhen.

Gourmet-Küche

Wildreis-Pfannküchlein mit Ahornsirup

1 Ei
½ Tasse Buttermilch
½ Tasse Mehl
1 EL Zucker
1 Messerspitze Backpulver
1 Prise Salz
1 EL geschmolzene Butter
½ Tasse gekochter Wildreis (nach Packungsvorschrift)
1 EL Butter
Ahornsirup

Das Ei schaumig schlagen und die Buttermilch hinzufügen. Mehl, Zucker, Backpulver und Salz mischen und langsam unter ständigem Rühren in die Flüssigkeit geben. Die geschmolzene, noch heiße Butter hinzufügen. Den Teig etwa 1 Stunde ausquellen lassen.

Dann erst den gekochten Wildreis hinzufügen und gut umrühren. Gleich anschließend die Wildreis-Pfannküchlein in 2-EL-großen Portionen in einer gut gebutterten Pfanne von beiden Seiten knusprig braun braten. Heiß, mit Ahornsirup beträufelt, servieren.

Gourmet-Küche

Eigenes Rezept

Gourmet-
Küche

240 Eigenes Rezept

Gourmet-Küche

Grundrezepte und Tips

Salzkartoffeln

Richtig gekochte Salzkartoffeln sind Voraussetzung für ein gutes Kartoffelpüree und für Bouillonkartoffeln. (Eine Messerspitze Butter im Kochwasser verhindert das Überkochen.)

Für 2–3 Personen:
1 kg Kartoffeln (mehlige Sorte) schälen, waschen. Größere Kartoffeln so zerschneiden, daß alle etwa gleich groß sind.
2 TL Salz (auf 1 l Wasser)

Kalt mit so viel Wasser aufsetzen, daß es 2 Fingerbreit über den Kartoffeln steht. Salz hinzufügen. Mit Deckel bei mittlerer Hitze 20 Minuten gar kochen lassen.
Zur Garprobe mit Messerspitze in zwei, drei Kartoffeln stechen. Gibt es keinen Widerstand, sind sie fertig.
Deckel schräg aufsetzen, mit Topflappen festhalten. Wasser abgießen. Hitze beim Elektroherd auf Null, beim Gasherd kleinste Flamme. Ohne Deckel im Topf 1–2 Minuten unter Schütteln abdampfen lassen.

Kartoffelpüree

Für 2–3 Personen:
1 kg frisch gekochte Salzkartoffeln, noch heiß und nicht abgedampft
⅛ l heiße Milch
2 EL Butter
1 Messerspitze Muskat
weißer Pfeffer, Salz

Die frisch gekochten Kartoffeln stampfen und dabei Milch und Butter nach und nach zufügen. Muskat unterrühren, leicht pfeffern und nach Geschmack salzen. Nicht wieder kochen, eventuell im Ofen bei 80 Grad warm halten.
Hält sich im Kühlschrank 2 Tage. Läßt sich aufbraten.

Grundrezepte

Pellkartoffeln

Sie sind – warm oder kalt – die Basis für Kartoffelsalat (warm) und Bratkartoffeln (kalt).

Für 2–3 Personen:
1 kg festkochende Kartoffeln, unter fließendem Wasser säubern
2 EL Salz
1 TL Kümmelsamen

Kartoffeln mit Salz, Kümmel und so viel Wasser, daß sie gut bedeckt sind, kalt aufsetzen und – je nach Sorte – 20 bis 25 Minuten garkochen. Garprobe: Mit der Spitze des Küchenmessers einstechen.
Kochwasser abgießen und Kartoffeln kurz mit kaltem Wasser abspülen.

Grundrezepte

Warm schälen geht leichter!

Eier kochen

Die Frische von Eiern prüft man auch heute noch zuverlässig nach altem Brauch: Man legt die Eier in kaltes Wasser. Frische Eier bleiben, wegen der kleineren Luftkammern, auf dem Boden liegen, ältere richten sich auf.

Wachsweich: 3,5–4 Minuten
Halbfest: 5 Minuten
Hart: 8 Minuten

Alle Zeitangaben gehen davon aus, daß die Eier in kochendes Wasser eingelegt werden.
Ein kleiner Schuß Essig im Kochwasser verhindert das Austreten von Eiweiß durch Haarrisse der Schale.
Jedes Ei vor dem Kochen an der Spitze mit entsprechendem Gerät an der Spitze einstechen.
Die Eier immer unmittelbar nach dem Kochen in eiskaltem Wasser abschrecken – sonst löst sich die Schale schwer oder gar nicht.
Hartgekochte Eier möglichst bald weiterverwenden, da sich sonst das Eigelb verfärbt. Das hat zwar auf den Geschmack keinen Einfluß, sieht aber häßlich aus.

Grundrezepte

Grundrezept für Spiegeleier

1 Ei
½ EL Butter
Salz
weißer Pfeffer aus der Mühle

Eier (immer einzeln) auf einen Teller oder in eine Tasse schlagen, ohne daß das Eigelb dabei verletzt wird.
Butter in einer Pfanne erhitzen und die Eier vorsichtig hineinlaufen lassen. Sobald das Ei zu stokken beginnt, das Eiweiß mit etwas Salz bestreuen (nicht das Eigelb, weil es sonst helle Flecken bekommt). Langsam bei schwacher Hitze garen. Erst am Tisch pfeffern.
Will man die Eier überbacken, ½ TL Wasser in die Pfanne, wenn das Eiweiß schon stockt, und sofort Deckel drauf.

Grundrezepte

Klassische Rühreier

Auf keinen Fall dürfen Rühreier bei großer Hitze möglichst rasch hergestellt werden. Hervorragend gelingen sie so:

2 frische Eier pro Person
Salz
weißer Pfeffer aus der Mühle
1 EL kalte Butter, in kleine Stücke zerteilen
1 EL Sahne

Eier in eine Schüssel schlagen, etwas Salz und Pfeffer dazugeben und gut rühren oder quirlen, ohne daß sich Schaum bildet.
Rührei in der kalten Pfanne ansetzen. Einen Eßlöffel Sahne mit in die Pfanne rühren. Dadurch bekommt das Rührei einen seidigen Glanz.
Mit einem Holzlöffel bei mittlerer Hitze sorgfältig rühren, daß sich gleichmäßig feste Flocken bilden. Sobald das Rührei fest wird, die Butter in kleinen Stücken einrühren und es sogleich in einer vorgewärmten Schüssel anrichten.
Rührei nicht im Topf oder in der Pfanne lassen, weil es sonst weiter stockt und zu fest wird. Ob es flockig oder cremig wird, hängt von der Intensität des Rührens ab.
Zu Rühreiern sollte man nichts trinken.

Grundrezepte

Reis, richtig gekocht

Um langkörnigen Reis als Beilage trocken auf den Teller zu bringen, sollten Sie alles vergessen, was Sie irgendwo an obligatorischen Mischungsverhältnissen zwischen Reis und Wasser gelesen haben. Das alles ist Unsinn. Nehmen Sie soviel Reis, wie Sie brauchen, und soviel Wasser, wie Sie wollen, allerdings nicht weniger, als daß der Reis mindestens 3 Finger hoch mit Wasser bedeckt ist. Erst das leicht gesalzene Wasser zum Kochen bringen, dann den Reis einstreuen, einmal umrühren, Deckel aufsetzen und bei kleinster Hitze 17 Minuten dämpfen lassen. Dann abgießen. Gründlich abtropfen lassen und – falls man ihn ganz besonders trocken haben will – in der Schüssel noch 5 Minuten bei 100 Grad im Backofen abdampfen lassen.

Grundrezepte

Teigwaren, richtig gekocht

Alle Teigwaren brauchen viel leicht gesalzenes Wasser (1 l Wasser – 1 EL Salz), das in einem großen Topf aus Edelstahl oder Aluminium sprudelnd kocht, bevor die Teigwaren hineingegeben werden. Der Topf sollte ein Fassungsvermögen von etwa 5 l haben, da schon 125 g Nudeln 2 l Wasser brauchen. Für alle weiteren 100 g je 1 l Wasser mehr. Teigwaren dürfen nicht zu weich und nicht zu hart sein, sondern müssen immer einen Biß behalten – ›al dente‹, wie man in Italien sagt.

Auf die Packungsangaben (Zubereitungszeit) soll man sich besser nicht verlassen, sondern beim Kochen neben dem offenen Topf stehenbleiben. Das ist schon deswegen notwendig, weil man alle Teigwaren gleich nach dem Einschütten ins kochende Wasser mit einer Holzgabel durchrührt, damit sie nicht zusammenkleben und auch nicht am Topfboden hängenbleiben. 1–2 EL Öl, ins kochende Wasser gegossen, tragen dazu bei, daß Teigwaren auch nach dem Servieren nicht kleben. Von der 6. Minute an sollte man nach jeder weiteren Minute eine Nudel herausnehmen und durch Biß den Garzustand prüfen. Ist er perfekt, sofort eine Tasse kaltes Wasser zu den Nudeln gießen, damit der Kochvorgang augenblicklich unterbrochen wird.

Wenn man die Teigwaren abgießt, stellt man am besten eine Schüssel, in der sie serviert werden sollen, unter den Durchschlag, damit sie sich aufheizt. Dann das heiße Wasser abgießen, Schüssel schnell trocknen und sofort die Teigwaren ein-

Grund-rezepte

füllen. Sie schmecken am besten, wenn sie richtig heiß sind.

Schon beim Einkaufen darauf achten, daß alle weißen Teigwaren aus Hartweizen hergestellt sind. In Italien ist die Herstellung von Teigwaren aus Hartweizen seit 1967 durch Gesetz vorgeschrieben.

Teigwaren, an einem sauberen, trockenen Ort aufbewahrt, sind unbegrenzt haltbar.

Grundrezepte

Fünf Beilagen zu Nudeln und Spaghetti

Auberginen, gebraten

2 Auberginen, mittelgroß, in fingerdicke Scheiben schneiden, fein würfeln, einsalzen, 15 Minuten stehen lassen.
Dann ausdrücken, abwaschen
2 EL Olivenöl
1 TL Oregano
Salz
Parmesankäse

Grundrezepte

Öl in der Pfanne sehr heiß werden lassen. Auberginen von allen Seiten unter Rühren braten, bis sie Farbe annehmen. Mit Oregano bestreuen und salzen. Unter die Spaghetti mischen, mit Parmesankäse bestreuen.

Gekochte Muscheln

250 g Muscheln, Miesmuscheln oder
Herzmuscheln, entweder in Salzwasser frisch
gekocht oder Dosenware
½ Fenchelknolle, in feine Scheiben schneiden
1 Tomate, enthäuten, entkernen, würfeln
½ Tasse Weißwein
1 EL Butter
weißer Pfeffer aus der Mühle
Salz

Butter in kleiner Kasserolle zerlassen, nach dem Aufschäumen Fenchel dazufügen und unter Rühren glasig werden lassen. Tomatenwürfel 2 Minuten mitschmoren lassen, mit Weißwein ablöschen und Muscheln bei kleiner Hitze 5 Minuten darin ziehen lassen. Mit weißem Pfeffer und Salz abschmecken.
Unter die Spaghetti mischen.
Kein Käse!

**Grund-
rezepte**

Schinken-Erbschen

125 g Erbsen, extra fein, abgießen
50 g gekochter Schinken, in sehr feine Streifen schneiden
2 EL Butter
1 TL gekörnte Brühe
3 EL Sahne
1 EL glatte Petersilie, fein hacken
weißer Pfeffer
Salz
Parmesankäse

Butter in Kasserolle zerlassen, sofort Erbsen und Schinken einrühren und mit der Sahne auch die gekörnte Brühe einstreuen. Einmal aufköcheln lassen. Vom Feuer nehmen, Petersilie einrühren, mit Pfeffer und Salz abschmecken, unter die Spaghetti mischen, mit Parmesankäse überstreuen.

Thunfisch

1 Dose Thunfisch, 150 g, Öl abgießen, Fisch mit der Gabel zerkleinern
2 Stengel Basilikum, Blätter in kleine Stücke zupfen
Salz
weißer Pfeffer

Thunfisch mit Basilikum vermischen, leicht pfeffern, salzen und unter die heißen Spaghetti mischen.

Grundrezepte

Zucchini, gebraten

3 Zucchini, mittelgroß, längs halbieren, Kerne mit dem Teelöffel entfernen, fein würfeln
2 EL Olivenöl
1 Bund glatte Petersilie, fein hacken
Salz
frisch geriebener Parmesankäse

Öl in der Pfanne sehr heiß werden lassen, Zucchini von allen Seiten unter Rühren 10 Minuten braten, bis sie hellbraun werden. Salzen. Mit viel Petersilie mischen und unter die Spaghetti rühren. Mit Parmesankäse überstreuen.

Grundrezepte

schmeckt auch mit Reis!

Tiefgefrieren: Die kalte Seite im Single-Haushalt

Das Tiefgefrieren ist deswegen so wichtig, weil es uns die Möglichkeit bietet, gleich zwei bis drei Portionen auf einmal zu kochen und alles, was nicht gleich verzehrt wird, in kleinen Plastikbehältern oder Klarsichtbeuteln einzufrieren. Da bildet sich dann rasch ein Vorrat an fertiger Bouillon, Buletten, Rouladen und Eintöpfen, an Gulasch oder gefrorenem Fischfilet, der jederzeit einsatzbereit ist.

Schnitzel oder Koteletts muß man nicht erst auftauen, sie brauchen in der Pfanne nur ein bißchen länger. Spargel legt man gefroren ins kochende Wasser, und die Fertiggerichte taut man bei mittlerer Hitze in einem Topf mit geschlossenem Deckel langsam auf. Zu Beginn des Auftauens empfiehlt es sich, einen kleinen Schuß Wasser in den Topf zu gießen, der Dampf beschleunigt den Tauvorgang.

Tiefkühlen verschafft ein Höchstmaß an Freiheit. Ob der Hunger oder der Besuch mitten in der Nacht kommt, wenn auch die Kneipen schon geschlossen sind: In knapp 15 Minuten ist das, was man braucht, fertig auf dem Tisch.

Molkereiprodukte

Süße und saure Sahne können nach dem Auftauen leicht grießig sein. Durch Aufschlagen mit dem Handrührgerät vergeht dies schnell wieder.

Milch und Sahne werden in der Originalverpackung eingefroren oder in Kunststoff- sowie Hartglasbehältern.

Geriebener Käse wie Parmesan eignet sich gut zum Einfrieren.

Fette Käsesorten eignen sich gut zum Einfrieren. Dazu werden sie in Alu- oder Kunststoff-Folie verpackt. Magerer krümeliger Käse ist zum Einfrieren nur bedingt geeignet.

Butter kann eingefroren werden. Man verpackt sie in Alu- oder Kunststoff-Folie und verwendet sie nach dem Auftauen wie frische.

Quark oder Quarkmischungen werden in den Originalverpackungen oder in Kunststoff- sowie Hartglasbehältern eingefroren. Verwendung nach dem Auftauen wie frischer Quark.

Gemüse

Lagerdauer: 6–8 Monate.

Blanchieren von Gemüse: In kochendes, ganz leicht perlendes Wasser legen, überwellen lassen, herausnehmen und kalt abspülen.

Gemüse muß zum Einfrieren wie folgt vorbereitet werden:
Blumenkohl/Broccoli: Blätter, Strunk und dunkle Stellen entfernen, in Röschen zerpflücken. Blanchierdauer: 2–3 Minuten.
Bohnen, grüne, gelbe: Spitzen entfernen, abfädeln, gleichmäßig lang schneiden. Blanchierdauer: 3–4 Minuten.
Bohnen, dicke (Puffbohnen): Auspalen, verlesen, roh einfrieren.
Erbsen: Auspalen, verlesen, roh einfrieren.
Fenchel: Halbieren oder vierteln. Blanchierdauer: 3 Minuten.
Grünkohl: Grobe Stiele entfernen. Blanchierdauer: 2–3 Minuten, dann hacken.
Karotten, Möhren: Putzen, in Scheiben oder Würfel schneiden. Blanchierdauer: 2–3 Minuten.
Kohlrabi, grüne, blaue: Blätter entfernen, schälen, in Scheiben oder Streifen schneiden. Blanchierdauer: 3 Minuten.
Kräuter, z.B. Petersilie, Schnittlauch, Dill, Kresse: Waschen, abtropfen lassen, schneiden bzw. hacken, nicht blanchieren.

Paprika, grüne, gelbe, rote: Stiel entfernen, entkernen, in Stücke oder Streifen schneiden. Blanchierdauer: 2–3 Minuten.

Pilze: Verlesen, mehrmals waschen, bei größeren Pilzen Stiele und Lamellen entfernen, in gleichmäßige Stücke teilen. Besser als Fertiggericht einfrieren.

Porree (Lauch): Wurzeln und hartes Grün entfernen, halbieren, in Stücke schneiden. Blanchierdauer: 3 Minuten.

Rosenkohl: Gelbe Blätter entfernen, Strunkansatz abschneiden, roh einfrieren.

Rotkohl, Weißkohl, Chinakohl: Schneiden. Blanchierdauer: 3–5 Minuten. Besser als Fertiggericht einfrieren.

Schwarzwurzeln: Putzen, in Stücke schneiden. Blanchierdauer: 3–4 Minuten.

Spargel: Schälen, evtl. in Stücke schneiden, nicht blanchieren.

Spinat: Verlesen, mehrmals waschen. Blanchierdauer: 1–2 Minuten. Über Wasserdampf grob hacken.

Tiefgefrieren

Fleisch

Rind: 8–10 Monate Lagerdauer
Schwein: 6 Monate Lagerdauer
Kalb: 6–8 Monate Lagerdauer
Lamm: 6–8 Monate Lagerdauer
Gehacktes, Bratwurst, Schinkenwurst (0,5 bis 1 kg): 3 Monate Lagerdauer
Innereien: 3–5 Monate Lagerdauer

Die Fleischstücke sollten, dem Bedarf eines Einpersonenhaushaltes entsprechend, höchstens 1 kg wiegen, denn angetautes oder aufgetautes Fleisch darf ohne zwischengeschaltetes Garen nicht erneut eingefroren werden. Die Fleischstücke müssen möglichst glatt sein, damit man sie gut und raumsparend einlagern kann. Vorstehende Knochen vorher abpolstern, sie verletzen sonst die Verpackung, dadurch trocknet das eingefrorene Fleisch leicht aus.

Beim Verpacken lassen sich Spezialschläuche nicht immer in der ganzen Weite mit dem Fleischstück ausfüllen, in diesem Fall legt man eine Falte und drückt die Luft vorsichtig heraus. Das Paket mit einem frostbeständigen Aufkleber versehen, auf dem alle Angaben wie Art, Menge, Datum des Einfrierens vermerkt sind.

Zwischen Kotelett-Stücke, Steaks, Schnitzel und Bratwürste legt man am besten doppelte Folienseiten, damit sich die Fleischstücke noch gefroren gut voneinander trennen lassen. Bei Leber, Nieren, Herz und Lunge die Röhren und Kanäle entfer-

Tiefgefrieren

nen, dann können die Innereien auch im gefrorenen Zustand zubereitet werden.

Es ist zu empfehlen, Innereien zubereitet in Sauce oder Brühe einzufrieren. Ausnahme: Leberscheiben, da Leber leicht zerfällt. Als Verpackungsmaterial eignen sich für rohe Innereien Beutel, für zubereitete Innereien Plastikdosen. Gefrorenes oder tiefgefrorenes Fleisch kann gefroren, an- oder aufgetaut verwendet werden.

Flache Fleischstücke werden am besten im gefrorenen Zustand in der Pfanne oder unter dem Grill zubereitet. Dazu gehören: Steaks jeglicher Art, Schnitzel, Koteletts, Leber – alle unpaniert –, Bratwurst, auch Schweinefilet im Ganzen oder in Stücken. Will man die Stücke panieren, nur so weit antauen lassen, daß Gewürze und Panade haftenbleiben.

Zum Braten die Pfanne erhitzen, Fett hineingeben und das Bratstück in das heiße Fett legen, unter Wenden braten. Die Bratdauer ist etwa die gleiche wie bei frischem Fleisch. Fleisch erst nach der Bräunung würzen, Deckel auflegen und bei abgeschalteter Kochstelle kurz ziehen lassen.

Kochfleisch kann man je nach Verwendung unaufgetaut in kaltem oder in kochendem Wasser aufsetzen. Das gilt auch für Innereien und selbsteingefrorenes Geflügel.

Wurst, Aufschnitt, Schinken bei Zimmertemperatur oder im Kühlschrank auftauen.

Tiefgefrieren

Geflügel und Wildgeflügel

Suppenhuhn: 6–8 Monate Lagerdauer
Hähnchen: 6–8 Monate Lagerdauer
Poularde: 6–8 Monate Lagerdauer
Pute: 6–8 Monate Lagerdauer
Ente: 4–6 Monate Lagerdauer
Gans (4 bis 6 kg): 4–6 Monate Lagerdauer
Wildgeflügel: 8 Monate Lagerdauer

Geflügel zur Vorbereitung 24 Stunden in einem kühlen Raum aufhängen. Das gewaschene Geflügelklein (Hals und Flügel) und die Innereien (Magen und Herz), in Folie verpackt, werden gesondert eingefroren, damit das Geflügel auch im gefrorenen Zustand zubereitet werden kann.
Damit das Geflügel eine günstige Lagerform bekommt, wird es dressiert, indem man die Flügel in den Schultergelenken dreht und unter den Rücken legt, die Schenkel nach hinten und unter den Rücken drückt und alles am Rumpf festbindet. Wie bei Fleisch muß auch bei Geflügel die Folie dicht anliegen. Dann wird weiter verfahren, wie beim Verpacken von Fleischstücken beschrieben. Geflügel kann auch zerteilt eingefroren werden.

Tiefgefrieren

Fische und Schalentiere

Süßwasser- und Flußfische wie Schleie, Karpfen und Forellen, können eingefroren werden, wenn man sie fangfrisch bekommt. Da Fisch besonders leicht verdirbt, ist vom Einfrieren von im Handel gekauftem Fisch abzuraten. Die Lagerdauer ist jeweils genau einzuhalten.
Magerer Fisch: 2–3 Monate
Fetter Fisch: 1–2 Monate
Räucherfisch nur in frisch geräuchertem Zustand einfrieren. Lagerdauer nicht länger als 2 Monate.

Die Fische werden sorgfältig ausgenommen und gewaschen. Besondere Vorsicht ist bei Fischen geboten, die man später blau garen will. Die Haut darf nicht verletzt werden. Vor dem Verpacken die Fische innen leicht austrocknen. Größere Fische wie Karpfen können auch zerteilt eingefroren werden. Ganze Fische werden wie Fleisch verpackt oder unverhüllt – nur lose abgedeckt – vorgefroren. Nach dem Anfrieren – je nach Größe in etwa 3–4 Stunden – taucht man die Fische kurz in kaltes Wasser. Die sich bildende dünne Eisschicht schützt den Fisch vor dem Austrocknen und vor Verletzungen der Schleimschicht. Verpackt wird danach in Alufolie.

Große Fische vor dem Zubereiten im allgemeinen an- oder auftauen, kleine können gefroren oder angetaut verwendet werden. Tiefgefrorene Fische nach dem Kauf möglichst rasch wieder in das Gefriergerät legen – unbedingt die Lagerdauer beachten. Räucherfisch im Raum auftauen. Vor dem

Verzehr kurz unter dem Grill, in der Pfanne auf der Kochstelle oder im Backofen leicht erwärmen. Dann schmeckt der Fisch wie frisch geräuchert.

Tiefgefrieren

Auf Vorrat zubereitet

Lagerdauer: 2–3 Monate

Fertiggerichte mit **Hülsenfrüchten oder Kohl** werden durch Einfrieren besser bekömmlich.
Das Einfrieren von Fertiggerichten ist denkbar einfach: Beim Bereiten einer Mahlzeit werden gleich mehr Portionen vorbereitet, als für den augenblicklichen Verzehr geplant sind. Es bleibt also beim einmaligen Aufwand an Arbeitszeit, Geschirr und Geräten. Dazu kommt noch der Vorteil der Geschmacksintensivierung durch das Zubereiten größerer Mengen.
Einige Grundregeln sind bei der Zubereitung zu beachten: Als **Fette** eignen sich Butter, Pflanzenfett, Olivenöl. Mit Schmalz, Speck oder Erdnußöl zubereitete Fertiggerichte sollen nicht länger als 2 Monate gelagert werden. Besondere Sorgfalt ist beim **Würzen** zu empfehlen. Abgeschmeckt wird erst vor dem Verzehr der Gerichte, weil die Würzkraft sich im Gefriergut verändern kann.
Saucen können vor dem Einfrieren oder nach dem Auftauen gebunden werden. Nach dem Auftauen sind gebundene Saucen oft etwas flockig. Kräftiges Rühren mit dem Schneebesen hilft. Auch durch Zusetzen von etwas angerührter Speisestärke wird die Sauce wieder sämig.
Alle Gerichte werden etwas kürzer als gewohnt gekocht oder gebraten und sind vor dem Einfrieren rasch abzukühlen.
Auch **Reste eines Gerichtes** sollten gleich nach dem Abkühlen eingefroren werden, nicht erst,

Tiefgefrieren

wenn sie schon einige Stunden gestanden haben, da sonst die Qualität leidet.

Zum **Verpacken** eignen sich Plastikbehälter sowie Kunststoffbeutel und -folien, auch vorgeprägte Aluformen und Gefrierkochbeutel.

Auftauen: Fertiggerichte können direkt im Kochbeutel in siedendem Wasser oder im Topf mit Deckel oder im Backofen aufgetaut und erhitzt werden. Grundsätzlich müssen große Mengen bei kleiner Hitze aufgetaut werden, kleinere Mengen bei mittlerer Hitze.

Ist ausreichend Zeit vorhanden, können Fertiggerichte auch im Kühlschrank an- oder aufgetaut werden.

Tiefgefrieren

Vorschläge für den Vorrat in der Tiefkühltruhe:

Rinder-, Kalbs- und Hühnerbouillon

Ob Sie einen schnellen Eintopf, ein leckeres Süppchen rasch zubereiten wollen oder eine Sauce verfeinern, ein tiefgefrorener Vorrat an Bouillon in ½-l-Portionen macht sich bezahlt. Für 2 l Rinderbouillon brauchen wir:

500 g Querrippe
500 g Ochsenbein
500 g Suppenknochen
1 Bund Suppengrün, grob schneiden
1 Lorbeerblatt
1 Zwiebel, vierteln
3 Stengel Petersilie
½ EL Salz
1 EL gekörnte Brühe

Tiefgefrieren

In einem großen Topf alle Zutaten mit 2½ l Wasser bei Mittelhitze kalt aufsetzen.
Während der ersten 30 Minuten die Flüssigkeit mit Schaumlöffel sauberhalten, dann mit Deckel bei ganz kleiner Hitze 1½ Stunden köcheln lassen (eventuell noch Schaum abschöpfen). Jetzt das Ochsenbein herausnehmen.
Die Bouillon ohne Deckel noch 30 Minuten weiterköcheln lassen.
Den Topfinhalt durch ein feines Küchensieb gießen, alle Zutaten wegwerfen.

Langsam abkühlen lassen, dann über Nacht in den Kühlschrank stellen. Danach läßt sich die Fettschicht abheben. Wegwerfen. Soll die Bouillon sofort verwendet werden, vorsichtig mit der Suppenkelle in kreisender Bewegung überflüssiges Fett abschöpfen.

Kalbsbrühe entsteht nach dem gleichen Rezept. Statt Zutaten vom Rind wird mit der gleichen Menge Kalbfleischabfälle und kleingehackter Kalbsknochen gearbeitet.

Hühnerbouillon entsteht nach dem gleichen Verfahren. Nur die Zutaten ändern sich:
1 mittleres Suppenhuhn
500 g tiefgefrorenes Hühnerklein
1 Zwiebel mit 1 Nelke gespickt
Alle anderen Zutaten wie Rinderbouillon. Alles kalt aufsetzen.
Nach 1 Stunde das Huhn herausnehmen, enthäuten und entbeinen. Fleisch in einer Schüssel zur Weiterverwendung im Kühlschrank aufheben (siehe Rezept Curry-Hähnchen Seite 110; statt des Brathähnchens dieses Fleisch verwenden).
Haut und Knochen wieder in den Bouillontopf geben und weiter sieden lassen. Zeitangabe siehe Rinderbouillon.

Tiefgefrieren

Buletten auf Vorrat

Buletten eignen sich vorzüglich zum Einfrieren (6 Monate haltbar). Zutaten für ca. 12 Stück:

125 g durchgedrehtes Rindfleisch
125 g durchgedrehtes Schweinefleisch
125 g durchgedrehtes Kalbfleisch
125 g feine Bratwurstmasse
2 altbackene Semmeln, zerschneiden, 20 Minuten in 1 Tasse heißer Milch einweichen, ausdrücken
2 EL Haferflocken
2 EL gehackte Petersilie
4 EL feingehackte Zwiebeln
2 Eier
1 EL Butter
2 EL Mehl, vermischen mit 3 EL Paniermehl
Salz
schwarzer Pfeffer
6 EL Schmalz oder Butterschmalz

Tiefgefrieren

Zwiebeln mit 1 EL Butter in kleinem Topf glasig dünsten. Kalt werden lassen.
Zwiebeln und alle anderen Zutaten gut mit der Hand vermischen, abschmecken und flache Buletten formen. Im Paniermehl vorsichtig wälzen.
Fett in großer Pfanne erhitzen, Buletten einlegen und bei Mittelhitze etwa 10 Minuten, je nach Stärke der Buletten, von beiden Seiten braun braten.
Je zwei Buletten in einen Gefrierbeutel. Bei Gebrauch nicht auftauen, sondern mit wenig Fett in die mittelheiße Pfanne legen. Zudecken.

Küchenausstattung ohne Firlefanz

Mit dem richtigen **Herd** fängt alles an.
Seit es den Kohleherd nicht mehr gibt, streiten sich zwei Parteien leidenschaftlich um die Energiequelle. Nur Gas, schwören die einen, elektrisch ist moderner und sauberer, sagen die anderen. Da es überall Strom gibt, haben wir uns bei der Single-Küche für den Elektroherd entschieden.
Weniger als drei Kochplatten und einen Backofen, der neben den normalen Funktionen auch noch Umluft und integrierten Grill bietet, sollte das Fundament unserer Küche nicht haben. Alle Strom- und Gaserzeuger in der Bundesrepublik bieten, meist in eigenen Ausstellungsräumen, markenunabhängige, sachverständige Beratung.
Ungarische Zigeuner, die den besten Gulyas der Welt kochen, besitzen in ihrem ganzen Leben nur einen großen Eisentopf, der am Neujahrstag gereinigt wird. Gibt es an diesem Tag gerade Gulasch, wird die Säuberung um ein Jahr verschoben.
Für die moderne Küche möchte ich zu mehreren **Töpfen** und zu dem Verfahren täglicher Säuberung raten. Als Materialien für seriöse Töpfe und Kasserollen kommen nur Edelstahl, beschichtetes Kupfer und emailliertes Eisen in Frage.
Höheres Gewicht eines Topfes spricht für seine Qualität, Blümchenmuster an der Außenwand und Kunststoffgriffe sind sichere Zeichen von Talmi.
Praktische Lebenserfahrung hat es bewiesen: Je kleiner der Haushalt, desto größer sei der **Eisschrank**. Natürlich hängt die Verwirklichung die-

ser Erkenntnis davon ab, wie groß der zur Verfügung stehende Raum ist.

Weniger als 75 Liter Inhalt sollte der Kühlschrank nicht haben. Und selbstabtauend sollte er sein. Es ist nicht so wichtig, ob der Kühlschrank auch ein 3-Sterne-Fach hat, denn gerade für den Kleinsthaushalt ist ein Tiefgefriergerät nicht zu ersetzen. Bei Platzmangel kann es auf den Kühlschrank gestellt werden. Lassen Sie sich beim Einkauf Schubladengeräte zeigen und auch die Ausführungen verschiedener Hersteller für den Einpersonenhaushalt.

Ausstattung

Küchenzubehör: die profanen Helfer

Für die Single-Küche brauchen wir unbedingt:

2 kleine Stielkasserollen mit Deckel
1 Sauteuse (Topf mit schräger Wandung und Deckel)
1 Kochtopf mit Deckel, Durchmesser ca. 24 cm
1 hohen Kochtopf (mindestens 3 Liter Inhalt) zum Kochen von Teigwaren
1 schweren Bräter mit Deckel aus emaillebeschichtetem Eisen

Ergänzungen dazu wären:

1 Fischkochtopf mit Einsatz (auch für Spargel)
1 Suppentopf mit einem Griff
1 Keramik-Stielkasserolle (1 Liter Inhalt)

Bei den **Pfannen** – insbesondere bei den beschichteten – sind wir der Qual der Wahl enthoben, seit es die ganz neue SilverStone-Supra-Versiegelung gibt. Der Pfannenkörper ist aus Edelstahl oder Aluminium. Der Knopf im Deckel ist gleichzeitig Lüftungsschieber und ermöglicht sowohl Schmoren als auch Braten.
Der Sandwichboden ist aus 7,5 mm starkem Edelstahl. Alle Beschläge sind backofenfest. Unter dem Namen ›Thekla‹ und ›Berndes‹ ist diese Neuentwicklung von DU PONT jetzt im Handel.
Dennoch sollten wir uns zusätzlich eine unbeschichtete Eisenpfanne gönnen, in der wenigstens zwei Koteletts Platz haben, und die wir nur für Kurzgebratenes verwenden.

Ausstattung

Aus-
stattung

- 1 Handmixgerät elektrisch. Dieses Gerät muß sowohl zum Zerkleinern als auch zum Rühren und zum Sahneschlagen geeignet sein.
- 1 Toaster
- 1 raumsparende Küchenwaage
- 1 Kaffeemaschine mit Filter für Tee und Kaffee
- 1 Wasserkessel
- 2 dicke Holzbretter, groß und klein, für die Vorbereitungsarbeiten von Fleisch und Gemüse
- 1 dickes Kunststoffbrett zum Hacken von Kräutern (der Saft kann nicht einziehen) und zur Vorbereitung von Fisch (es nimmt keinen Geschmack an)
- 1 kleiner Mörser mit Stößel
- 1 Satz Holzlöffel
- 1 Bratenwender aus Holz. Metallene Paletten dürfen für beschichtete Pfannen nicht verwendet werden
- 1 kleiner Schneebesen
- 1 Küchenschere
- 1 Küchenzange, verchromt
- 1 Fettspritze. Dieses Kunststoffrohr mit Gummiball dient zum Begießen und zum Entfetten und ist leicht sauberzuhalten
- 1 Küchenpinsel
- 1 Großlöffel
- 1 Großgabel
- 1 zweizinkige Fleischgabel, klein, mit Holzstiel
- 1 Schaumlöffel
- 2 Suppenkellen, klein und groß
- 1 Durchschlag aus Metall

- 2 Haarsiebe, klein und groß
- 1 Teesieb
- 1 Trichter
- 1 Reibeisen mit vier verschiedenen Funktionen: Feinreiben, Grobreiben, Raffeln und Hobeln
- 1 Kunststoffgefäß mit aufgedruckter Gewichtstabelle für verschiedene Zutaten
- 1 Sparschäler. Am besten bewährt haben sich Kunststoffbügel mit beweglicher Klinge
- 1 Kartoffelstampfer
- 1 Korkenzieher
- 1 Küchen-Kontrolluhr
- 1 Geflügelschere
- 1 Brotkasten
- 1 Brotkorb
- 1 gefüttertes Körbchen zum Warmhalten von gekochten Eiern oder Pellkartoffeln
- 1 Eierpikser
- 4 kleine Schüsselchen zum Aufbewahren von Resten
- 1 kleiner Plastik- oder Metalleimer (5 Liter)
- 4 kleine Frühstücksbretter
- 1 Kronkorkenöffner ⎫
- 1 Dosenöffner ⎬ gibt es als ein Universalgerät
- 1 Dosenlocher ⎭
- 1 kleines Reibeisen für Muskat u. ä.
- 1 dreizinkige Spaghettigabel, am besten aus Buchenholz
- 1 Zitruspresse
- 1 Salzstreuer

Ausstattung

Ausstattung

- 2 kleine Pfeffermühlen für weißen und schwarzen Pfeffer, am besten aus Glas
- 1 Nußknacker
- 1 Knoblauchpresse
- 1 Rolle Küchengarn
- 1 Paket Holzspeile (nicht aus Kunststoff!)
- 1 Paket Alufolie
- 1 Paket Klarsichtfolie
- 1 Rolle Küchenkrepp
- 1 Paar Küchenhandschuhe, außen hitzebeständig beschichtet
- 1 Paar Topflappen
- 1 feuerfester Untersatz, z.B. aus Drahtgeflecht
- 6 viereckige Gefrierdosen, 3 à ½ Liter, 3 à ¼ Liter
- 2 Pakete Klarsichtbeutel zum Einfrieren, in den Größen 1 Liter und 2 Liter
- Selbstklebeetiketten zum Beschriften des Gefriergutes
- 1 Packung Paketgummis
- 1 Rechaud mit Teelicht
- 3 Stahlschüsseln (in drei verschiedenen Größen mit gebogenem Rand)
- 1 Satz Porzellanschüsseln, in vier verschiedenen Größen
- 1 Salatschüssel, Holz oder Kunststoff
- 1 Salatbesteck, Holz
- 1 Puddingform (glasiertes Porzellan mit ebenem Boden, auch für das Aufwärmen im Wasserbad zu verwenden)
- 2 feuerfeste Auflaufformen, Keramik, zwei verschiedene Größen, möglichst mit Deckel

2 Formen feuerfestes Glas, mit Deckel, eine rund, eine rechteckig
1 Schraubglas zum Mixen von Salatsaucen
Mehrere größere, verschließbare Gefäße für Salz, Zucker, Mehl, Kaffee, Tee
4 komplette Bestecke
4 Eierbecher
4 Eierlöffel
4 Frühstücksteller
4 tiefe Teller, zum Panieren usw., 4 flache Teller
4 Tassen mit Untertassen
2 verschieden große Pizzableche, rund mit niedrigem Rand (am besten aus schwarzem Metall)
Hansaplast-Strips in verschiedenen Größen
Gel gegen Verbrennungen
1 Paket Streichhölzer
1 Paket Kerzen

So verlockend auch der Besuch von Haushaltswarengeschäften sein kann, so interessant auch Propagandisten Küchenneuheiten vorführen oder neue Wunderkochtöpfe in der Werbung empfohlen werden – lassen Sie sich nicht überreden. Die meisten dieser Geräte benutzt man ein- bis zweimal, und dann stehen der Entsafter und die Zwiebelschneidemaschine nutzlos als Staubfänger herum.

Ausstattung

Messer:
Gute Messer sind teuer; aber sie sind eine Anschaffung fürs Leben. Man erkennt sie meist dar-

an, daß sie einen Holzgriff haben und daß der Stahl der Klinge bis zum Ende des Griffes durchgeht. Namen wie DICK und VICTORINOX garantieren höchsten Qualitätsstandard. Hat man die Messer gekauft, müssen sie nach dreimonatiger Benutzung einmal zum Schleifen gebracht werden. Erst danach kann man sie mit dem Küchenstahl oder zur Not auf dem rauhen Fußring einer Untertasse selbst wieder scharf machen.

1 Kochmesser. Diese Messerart ist ein Universalgerät – ein Mädchen für alles. Selbst Hähnchen oder Enten kann man damit tranchieren.

1 Officemesser. Die Volksausgabe heißt Küchenmesser und ist meist nach kurzer Zeit stumpf.

1 Filiermesser. Damit kann man die Tranchen von Fisch und Fleisch mühelos hauchdünn oder daumendick schneiden.

1 Wellenschliffmesser. Brot, weiche Früchte und Schinken lassen sich damit gut schneiden.

1 Palette. Das ist ein flaches Transportinstrument ohne Schneide zum Ablösen und Wenden von gebratenem Fleisch oder Eiern in der heißen Pfanne oder vom Backblech.

1 Wiegemesser mit 2 Klingen zum Feinhacken von Kräutern.

Ausstattung

Vorräte für jede Küche

Wenn Kochen Spaß machen soll, müssen bestimmte Dinge stets griffbereit sein. Machen Sie deswegen anhand dieser Checkliste eine Küchen-Inspektion.

Was fehlt Ihnen?

Trockenvorrat

- [ ] Butter
- [ ] Eier
- [ ] Instant-Brühe
- [ ] Kaffee
- [ ] Kartoffeln
- [ ] Knoblauch
- [ ] Pflanzenfett
- [ ] Reis
- [ ] Salz
- [ ] Schmalz
- [ ] Speck
- [ ] Semmelmehl
- [ ] Senf
- [ ] Stärkemehl
- [ ] Tee
- [ ] Teigwaren
- [ ] Tomatenmark
- [ ] Weizenmehl
- [ ] Zucker
- [ ] Zwiebeln

Naßvorrat

- [ ] Bier
- [ ] Dosenmilch
- [ ] Essig
- [ ] Ketchup
- [ ] Olivenöl
- [ ] neutrales Salatöl
- [ ] Rotwein
- [ ] Weißwein
- [ ] Sojasauce
- [ ] Suppenwürze
- [ ] Tabasco
- [ ] Worcestersauce
- [ ] 1 Dose feine Erbsen
- [ ] 1 Glas Rotkohl
- [ ] 1 Glas Gurken
- [ ] 1 Glas Sardellen
- [ ] 1 Glas Oliven
- [ ] 1 Glas Mayonnaise
- [ ] 1 Tube Meerrettich
- [ ] 1 Dose Ölsardinen

Ausstattung

Gewürze

- [ ] Bohnenkraut
- [ ] Cayennepfeffer
- [ ] Curry
- [ ] Dill
- [ ] Estragon
- [ ] Kümmelpulver
- [ ] Lorbeerblatt
- [ ] Majoran
- [ ] Muskat
- [ ] Nelken
- [ ] Oregano
- [ ] Paprika, scharf
- [ ] und mild
- [ ] Pfefferkörner,
- [ ] schwarz,
- [ ] weiß
- [ ] Rosmarin
- [ ] Safran
- [ ] Salbei
- [ ] Thymian
- [ ] Wacholderbeeren
- [ ] Zimt

Ausstattung

Kräuter und Gewürze

Grundregel: So oft wie möglich frische Kräuter verwenden.
Manche Firmen bieten getrocknete Kräuter und pulverisierte Gewürze in hellen Gläsern an. Das mag eine hübsche, teure Küchendekoration sein, zum Kochen taugt es meistens nicht. Oft steht solches Gewürz schon so lange beim Einzelhändler herum, daß es nur noch die Würzqualität von Zigarrenasche hat. Gerade pulverisierte und getrocknete Gewürze verlieren ihr Aroma im Licht schnell. Übrig bleibt entweder beißende Schärfe oder eine undefinierbare fade Speisezutat. Einmal im Jahr sollten alle Gewürze erneuert werden.
Achten Sie beim Kauf darauf, daß Gewürze lichtundurchlässig verpackt sind, oder sammeln Sie dunkle Gläser mit Schraubdeckel, und kaufen Sie sich den Würzvorrat in kleinen Mengen in einer guten Apotheke. Da sind Qualität und Frische garantiert, und der Preis ist niedriger, als Sie denken. Diese Einkaufsquelle empfiehlt sich auch für erstklassiges kaltgepreßtes Olivenöl und ganz besonders für sehr teure Gewürze wie Safran.

Basilikum/Basil/Basilic commun
Als frisches Würzkraut gehört es zu Salaten, Fisch und Gemüsen der südeuropäischen Küche. Basilikum harmoniert mit Pfeffer, Knoblauch, Zwiebeln, Rosmarin, Salbei, Estragon und Dill. Nicht mitkochen. Getrocknetes oder tiefgefrorenes Basilikum ist fader als frisches. Die an der Pflanze getrockneten und zerriebenen Blüten haben einen lavendel-

artigen Geschmack und passen besonders gut zu Fischsuppe.

Beifuß/Mugwort/Armoise
Gehört zur Familie der Wermutpflanzen und gehört durchaus nicht nur zum Gänsebraten. Beifuß schmeckt leicht bitter und ist daher ein nützliches Kontrastgewürz für alle fetten Fleischspeisen. Getrocknet sind die Blütenknospen – nur die werden zum Würzen verwendet – jahrelang haltbar.

Bohnenkraut/Savory/Sarriette
Von mildem bis zu pfefferartigem, scharfem Geschmack. Am schärfsten ist weißblühendes Bohnenkraut. Alle Bohnengerichte, aber auch Erbsen und Pilze profitieren von einer sparsamen Verwendung. Getrocknet oder frisch verwendbar.

Borretsch/Borage/Bourrache
Das behaarte Blatt oder die blauen Blüten haben einen Geschmack zwischen Gurke und Zwiebel. Schmeckt zu grünem und Gurkensalat, Pilzgerichten, Tomaten- und Rahmsaucen. Nur frisch verwenden.

Cayennepfeffer/Chilli Powder/Cayenne
Am schärfsten ist der rote Cayennepfeffer, auch Teufelspfeffer genannt. Er wird aus getrockneten Chilischoten bereitet und ist zwanzigmal so scharf wie Paprika. Nur ihn allein darf man von allen Pfeffern gemahlen kaufen.

Kräuter Gewürze

Chili/Chilli Pepper/Piment fort

Chili gibt es in unendlich vielen Größen, Formen, Farben und Geschmacksrichtungen: kleine, große, längliche, orangefarbene, schwarze, rote, grüne, beißend scharfe, milde und süßliche.
Den Umgang mit Chili muß man lernen. Wenn man scharfe Chilis zubereitet, sollte man Gummihandschuhe tragen und keinesfalls Lippen oder Augen berühren.
Zuerst den Stengel herausziehen, dann die Kerne abstreifen und die fleischigen Rippen entfernen. Es empfiehlt sich, die Chilischoten nach dem Putzen etwa eine Stunde in kaltes Salzwasser zu legen. Sie sind dann etwas weniger – aber immer noch genügend – scharf. Alle Chili-Arten enthalten reichlich Vitamine. Die schärfsten kleinen roten werden, sobald sie, wie ein südamerikanischer Dichter schrieb, »in Farbe und Beschaffenheit dem Mund eines schönen Weibes gleichen«, zu Cayennepfeffer zermahlen.

Currypulver/Curry Powder/Poudre de cari

Unter den Scharfmachern nimmt Currypulver eine Sonderstellung ein. Es besteht aus zwölf bis zwanzig Einzelgewürzen. Immer dabei sind: Kurkuma (auch Gelbwurz genannt), Kardamom, Pfeffer, Nelken, Bockshornklee, Muskat, Ingwer, Koriander, Senfsamen, Kreuzkümmel. Alle Hersteller halten ihre Mischung geheim. In Europa gibt es den besten Curry – mild oder scharf – bei indischen Händlern in London (Soho) zu kaufen.

Kräuter Gewürze

Dill/Dill/Aneth
Vom Dill lassen sich Stengel, Blatt, Blüte und Samen verwenden. Der Samen schmeckt allerdings eher nach Kümmel. Dill ist frisch, getrocknet oder tiefgefroren verwendbar. Paßt zu Aal, Krebsen und Krabben wie auch zu Salaten, Mayonnaisen, jungen Kartoffeln, Gurken (geschmort oder eingelegt) und vielen süß-sauren Fleisch- und Fischsalaten der skandinavischen Küche. Graved Lachs läßt sich ohne Dill nicht präparieren. Joghurt mit zerkleinertem Eis, Gurke und viel Dill ist eine bulgarische Sommer-Delikatesse.

Estragon/Tarragon/Estragon
Besonders aromatisches Küchenkraut, ob frisch oder getrocknet. Zum Würzen von Saucen, Salaten, Ei- und Fischgerichten. Auch Tomaten und Karotten mögen Estragon. Beliebt sind Kräutermischungen aus Estragon, Dill und Petersilie. Mit Estragon werden auch spezieller Senf und Essig hergestellt.

Fenchel/Fennel/Fenouil
Die Pflanze wird bis über zwei Meter hoch. Zum Würzen verwendet man das frische Grün oder den getrockneten Samen. Grün schmeckt Fenchel zu Fleischgerichten, mit dem Samen wird Brot gewürzt. Fenchel ist aber auch als Sud für Hummer und Krebse geeignet. Eine besondere Delikatesse: Zu neuen Kartoffeln in der Schale eine Fenchelknolle und etwas Fenchelgrün mitkochen.

Kräuter Gewürze

Ingwer/Ginger/Gingembre
Die gemahlene Wurzel ist wichtiger Bestandteil des Curry, verliert aber schnell ihr Aroma. Frisch verwendet, ist Ingwer besonders intensiv. Nur für chinesische, orientalische und südostasiatische Gerichte oder behutsam dosiert, zu Hühnerbrühe verwenden. Mit heimischen Würzkräutern verträgt sich Ingwer nicht.

Kapern/Caper/Câpre
Die kleinsten Kapern heißen ›Nonpareille‹ und kommen aus der Umgebung von Nizza, wo ab April die helligkeitsempfindlichen Pflanzen vor Sonnenaufgang handgepflückt werden. Vom Sud bedeckt und vor Licht geschützt, halten sie sich unbegrenzt. Kapern passen zu Kochfisch, Klopsen und weißer Sauce, Fischsalaten, Hühner- und Kalbsfrikassee, Beef Tatar. Nur mit Zwiebeln, Schnittlauch, Meerrettich oder Dill kombinieren.

Kerbel/Chervil/Cerfeuil
Frisches Kerbelkraut gibt eine vorzügliche Suppe. Getrocknet schmeckt Kerbel fade. Das Kraut paßt am besten zu Kartoffel- und Tomatensuppe, gegrilltem Fisch oder jungem Spinat. Alle intensiv schmeckenden Kräuter dann aber nicht verwenden.

Knoblauch/Garlic/Ail
Je nach Sorte kann Knoblauch mild und süß oder scharf und brennend schmecken. Knoblauch ist

Kräuter Gewürze

sehr gesund, vor allem senkt er den Blutdruck und wird noch heute in vielen Ländern als Mittel gegen Bronchitis gegeben. Gekochter Knoblauch ist milder als roher. Wer den Geschmack liebt, kann dem bereits gekochten noch rohen Knoblauch zufügen.

Koriander/Coriander/Coriandre
Nur der kugelförmige, getrocknete und sehr haltbare Samen wird verwendet: ungemahlen beim Brotbacken, gemahlen zum Würzen von Schweinefleisch, Kalbsherz, Schinken, Wurst, gekochtem Sellerie, Kohlspeisen und – zusammen mit Majoran – in Erbsensuppen.

Kreuzkümmel/Cumin/Cumin aux anis
Er ist in Farbe und Form dem normalen Kümmel ähnlich, schmeckt aber strenger, herber. Wird hauptsächlich in der orientalischen, indischen und chinesischen Küche verwendet und ist eine wichtige Zutat bei vielen karibischen Fischgerichten.

Kümmel/Caraway/Cumin des prés
Paßt zu Weißkohl, Sauerkraut, Schweinebraten, Gulaschsuppe und vielen anderen Gerichten. Gemahlen und mit Salz und Thymian vermischt zum Einreiben von Bratenten. Ein Kümmelbrötchen oder ein paar zerkaute Körner sind ein gutes Anti-Katermittel.

Kräuter Gewürze

Kurkuma/Turmeric/Curcuma, Safran des Indes
Auch als Gelbwurz bekannt, weil man zum Würzen nur die getrockneten, gemahlenen Wurzeln verwendet. Der Geschmack ist leicht säuerlich, scharf und herb, dem Ingwer entfernt ähnlich. Kurkuma ist Bestandteil des Curry, dem es die gelbe Farbe gibt, und paßt überall, wo Curry zu scharf wäre: zu Wildgeflügel, Leber, Eierspeisen, aber auch zu Krabben und anderen Krustentieren. In dunklen Gläsern lange haltbar.

Liebstöckel/Loverage/Livèche
Liebstöckel wird oft Maggikraut genannt, und so schmeckt er auch. Die frischen Blätter eignen sich überall dort, wo Suppenwürze verwendet wird, aber auch für grünen Salat. Die getrockneten Blätter verlieren nach sechs Monaten ihren Geschmack, aber Liebstöckel läßt sich in ganzen Stengeln gut einfrieren (ein Jahr haltbar).

Lorbeerblatt/Bay/Laurier
Die getrockneten Blätter sind milder als die sehr hart schmeckenden frischen. Verwendung: fast alle Bouillons, Kalbsfrikassee, Kochfisch-Sud, Beize für Wild- und Sauerbraten, Rinderschmorbraten.

Majoran/Sweet Majoram/Marjolaine
Verwandter des wilden Oregano und des Thymians. Dennoch sollte man ihn wegen seines kräftigen, derben Geschmacks getrocknet nicht anstelle der beiden anderen verwenden. Majoran ist

Kräuter Gewürze

unentbehrlich für Hülsenfrüchte, Hammeleintopf, Schweinegulasch, Leberwurst, Schmalz und viele Füllungen von Gänsen.

Meerrettich/Horseradish/Raifort
Der Wurzelstock enthält ätherische Öle, die seine beliebte Schärfe bedingen. Kocht man Meerrettich, verliert er fast jeden Geschmack. Geriebenen Meerrettich möglichst rasch verbrauchen. Die Wurzel sollte man nur in den Monaten kaufen, die ein ›R‹ in ihrem Namen haben.

Minze/Mint/Menthe poivrée
Zum Würzen nur frische Blätter verwenden, zum Beispiel für die englische Mintsauce, aber auch für Tomatensauce zu Fleischgerichten. Ein ganzer Stengel zu gedünstetem Seefisch, zu Salatsaucen aus Joghurt und vor allem zu sommerlichen Longdrinks von Pimms No. 1 bis Planter's Punch.

Muskatnuß/Nutmeg/Muscade
Die Muskatnuß kommt vor allem von der karibischen Insel Grenada zu uns. Als frisch geriebene Gewürzprise veredelt sie viele Speisen, wie Kartoffelpüree, Bouillon, Blumenkohl, Grünkohl usw. Man sollte jedoch geriebene Muskatnuß nicht mitkochen.

Oregano/Wild Marjoram/Marjolaine sauvage
Anders als bei seinem zivilisierten Verwandten, dem Majoran, schmecken die getrockneten Blät-

Kräuter Gewürze

ter und Blüten des Oregano wilder, bitterer, vor allem zu italienischen Tomatensaucen, Pizzas, Auberginen- und Paprikagemüse. Oregano behält sein Aroma im dunklen Glas etwa ein Jahr.

Paprika/Pod Pepper/Paprika, Poivre d'Espagne
Paprika kann man als Gewürz nur gemahlen verwenden. Die milden Sorten sind in lichtundurchlässigen Gefäßen sechs Monate, die scharfen höchstens acht Monate haltbar. Man unterscheidet fünf Schärfen: **Delikateß-, Edelsüß-, Halbsüß-, Rosen-,** und **scharfen Paprika.** Das Gewürz verträgt sich am besten mit Kümmel und Majoran. Paprika immer schon beim Anbraten beifügen. Das vitaminhaltige feurige Pulver (vor allem A-, C- und P-Vitamin) wird nicht aus der großen roten Gemüsepaprikaschote, sondern aus der kleinen Gewürzpaprika gewonnen.

Petersilie/Parsley/Persil
Glattblättrige Petersilie ist aromatischer als krause. Petersilie gehört an so viele Speisen, daß man sie nicht aufzählen kann. Auch die Wurzel ist als Schmorbeigabe, als Gemüse und zu Bouillon unentbehrlich. Die stets frisch gehackten Blätter sollten nicht lange gekocht werden. Getrocknet schmeckt Petersilie mittelmäßig, tiefgefroren etwas besser.

Pfeffer/Pepper/Poivre
Pfeffer hat viele Farben: vom hellen Grau bis zum

Kräuter Gewürze

tiefen Schwarz, vom zarten Grün bis zum hellen Rot, von Braun bis Gelb.
Unreif, also noch grün, müssen jene Beeren sein, die in eine Lake gelegt und als grüner Pfeffer in Dosen, Gläsern oder getrocknet verkauft werden. Trocknet man die grünen Beeren in der Sonne, färbt sich die Haut dunkelbraun bis schwarz, das Fruchtfleisch verdorrt zu runzeliger Haut. Schwarzer Pfeffer ist schärfer als weißer. Weißer Pfeffer entsteht aus den vollreifen, leuchtend roten Beeren. Die werden übereinandergeschichtet und einem natürlichen Fermentationsprozeß überlassen. Das heißt: Sie faulen einfach vor sich hin. Dabei wird das Fruchtfleisch zerstört, später abgerieben und abgespült. Pfeffer sollte man immer frisch mahlen.

Piment/Allspice/Toute-épice
Die Pimentbeere, im Reifezustand purpurrot, kommt nur als dunkelbraune, getrocknete, runde Beere zu uns. Ihr Geruch ähnelt einer Mischung aus Zimt, Muskat und Nelke. Bei Bedarf in pulverisierter Form die notwendige Menge frisch im Mörser zerstoßen. Pimentpulver benutzt man für Lebkuchen, Pasteten, Suppen, Saucen und Fleischgerichte. Für die Wurstherstellung ist Pimentpulver unentbehrlich. Ganze Beeren verwendet man beim Einlegen von Bratheringen.

Rosmarin/Rosemary/Rosmarin
Die nadelartigen Blätter schmecken frisch pikanter

als getrocknet. Beim Trocknen werden sie leicht harzig. Heute gibt es fast das ganze Jahr frischen Rosmarin (auch in Töpfen) zu kaufen, denn er ist unentbehrlich bei gebratenen Hähnchen, bei vielen Tomatengerichten, im Ofen gebackenem Fisch, zu Lammbraten und zu Pilzen. Thymian, Oregano, Knoblauch und Petersilie vertragen sich gut mit diesem Gewürz.
Zur Konservierung die Nadeln zerkleinern und lichtgeschützt aufbewahren.

Safran/Saffron/Safran
Dies ist das teuerste Gewürz der Welt. Um ein Kilo Safran herzustellen, müssen die orangefarbenen Blütennarben von 80000 Herbstkrokusblüten getrocknet und zermahlen werden (Kilopreis: etwa 12000 Mark). Safran schmeckt streng-bittersüß. Eine wichtige Zutat für Bouillabaisse, Paella und Risotto, aber auch zu Fleischbrühe (sparsam dosieren) oder zu Saucen für Krustentiere.

Salbei/Sage/Sauge
Die lanzettförmigen, behaarten Blätter passen zu Leber, Lamm- und Schweinebraten. Möglichst frische Blätter verwenden. Die getrockneten schmecken strenger.

Sauerampfer/Sorrel/Oseille
Die moderne Küche hat den Sauerampfer neu entdeckt. Da sich seine Blätter nicht zum Trocknen eignen, verwendet man von März bis Sep-

Kräuter Gewürze

tember die frischen Blätter. (Wild nur von März bis Juni.) Aus Sauerampfer läßt sich eine schmackhafte Suppe machen. Aber auch Sauce Hollandaise, Fisch, kleine Salate und alle grünen Saucen werden mit Sauerampfer pikant. Nicht mit Essig zusammen verwenden.

Sellerie/Celery/Céleri
Vom Sellerie sind Knolle und Blätter nicht nur als Gemüse oder Salat verwendbar, sie geben auch vielen Speisen ein abgerundetes Aroma. Alle starken Brühen, gekochtes Fleisch und weiße Bohnen können mit Sellerie verfeinert werden.

Thymian/Thyme/Thym
Mit den gehackten frischen oder getrockneten Blättern des Gartenthymian oder seines Artgenossen, des wilden Quendel, der breitere Blätter hat, würzt man alle Fleischspeisen, die auf Rotweinbasis zubereitet werden. Wild, Leber, Tomaten, Auberginen, aber auch Pilze und Kaninchen vertragen Thymian gut.

Wacholder/Juniper/Geniève
Mit den Beeren der Wacholderpflanze, die zur Reife zwei Jahre brauchen, würzt man Sauerkraut, Fischsud, Sauerbraten, Wildschwein, Rebhuhn und Hase. Wacholder verträgt sich mit Petersilie, Thymian, Fenchel, Majoran und Lorbeerblättern.

Zitronenmelisse/Balm/Citronelle
Die grünen Melisseblättchen, die intensiv nach Zitrone duften, sehen wie kleine Brennesseln aus. Frischen Salaten geben sie einen besonderen Geschmack. Auch gebratener oder gesottener Fisch läßt sich mit ihnen abrunden. Zitronenmelisse läßt sich weder trocknen noch einfrieren. Im Sommer ergibt ein Aufguß von Zitronenmelisse und schwarzem Tee plus Orangensaft ein vorzügliches Kaltgetränk.

Kräuter Gewürze

292

Die Mini-Bar

Ausstattung

Ich weiß ja nicht, was Sie für Leute kennen. Mir ist es jedenfalls immer wieder passiert, daß mich Besucher fragten: »Wo ist denn hier die Bar?« Dabei kenne ich nicht etwa nur professionelle Trinker, auch Damen haben mich schon mit dieser Frage konfrontiert.

Für eine Mini-Bar braucht man weder einen Tresen noch Barhocker. Auch von beleuchteten Mixboxen oder fahrbaren Flaschentrommeln sollte man sich distanzieren. Ein Tischchen in der Ecke oder ein Fach im Bücherregal genügt vollkommen. Und die Bücher-Nachbarschaft von Simmel oder Nabokov bekommt der Getränkenische auch ganz gut. Der Platz sollte so groß sein, daß Sie 15 Flaschen unterbringen können und dazu noch die wenigen notwendigen Geräte zum Mixen. Eine Flaschengruppe mit verschiedenfarbigem Inhalt ziert auch das kleinste Appartement eher als ein Gummibaum.

Für die kleine Bar brauchen Sie also folgende Ausstattung:

1 Shaker (Mixbecher): Es gibt ihn aus verschiedenem Material. Am praktischsten ist der zweiteilige Metall-Shaker, dessen Deckel nicht über den Becherrand gestülpt ist, sondern in diesen hineingesetzt wird.

1 Strainer (Barsieb): Das ist nichts anderes als ein flaches Sieb mit einem Stiel und einem biegsamen Spiralrand. Beim Eingießen aus dem Shaker klemmt man den Spiralrand wie einen Deckel auf das Mixgefäß, und die Eiswürfel und andere Zutaten, die man nicht im Glas haben will, bleiben im Mixbecher. Nichts fällt daneben. Das Sieb hält sich selbst fest.

1 Mixglas: In ihm werden alle Drinks zubereitet, die nicht geschüttelt werden dürfen. Es empfiehlt sich ein etwa 1 Liter fassendes, hohes Glas mit verengtem Ausguß, der die Eisstücke zurückhält. Ein Glas mit Henkel ist wegen der Isolierung gegen die Handwärme vorteilhaft.

1 Barlöffel: Das ist ein Teelöffel mit langem Stiel zum Verrühren des Drinks im Mixglas.

1 Meßbecher: Wer kann schon von sich sagen, daß sein Augenmaß für die benötigten und notwendigen Quantitäten ausreicht. So ein Meßglas schützt vor Verschwendung, weil mit seiner Hilfe zwei Cocktails genau zwei Cocktails werden und nicht ein Punsch, mit dem Sie alle Mieter des Hauses betrunken machen können.

1 Universal-Barzange: Mit ihr kann man Eiswürfel zerkleinern, den Draht von Sektflaschen abzwikken, Saftdosen öffnen, selbst als Schraubenzieher läßt sie sich verwenden. **Flaschenöffner** und **Korkenzieher** haben Sie ohnehin in der Küche. Ein kleiner **isolierter Eisbehälter** und ein paar **kleine Löffel,** mit denen der Gast Oliven und anderen eßbaren Zierat aus dem Glas fischen kann, sollten nicht fehlen.

Nun sind nur noch ein paar **Gläser** notwendig und die Hausbar ist komplett – bis auf die Flaschen.

4 große sogenannte Standard Highballs für Longdrinks
4 bauchige Cognacgläser
4 Cocktailgläser
4 Sektkelche
4 Schnapsgläser

Die Grundausstattung mit Getränken:
Weißer trockener Wermut, Gin, Wodka, Crème de Cassis (schwarzer Johannisbeerlikör), Pernod oder Ricard, Scotch Whisky, Bourbon Whiskey, Jamaica Rum, weißer Bacardi, Cognac, Cherry Brandy, Grand Marnier, Campari, Calvados, 1 kleines Fläschchen Angostura bitter, Grenadine Sirup (alkoholfrei). Eine Flasche Sekt, Tonic Water, 2 Dosen Fruchtsäfte und Mineralwasser stehen ja hoffentlich immer im Eisschrank.
Aus der Hausbar brauchen wir gelegentlich in der Küche, zur Abrundung von Saucen, Suppen und Süßspeisen, Gin, Wodka, Grand Marnier, Calvados und Cognac.

In Cocktailrezepten findet man oft eigenartige Mengenangaben. Deswegen hier zur Hilfestellung die internationalen Mixmaße:

1 Dash (Spritzer)	=	1 ccm
1 Schuß (Teelöffel)	=	5 ccm
1 Barlöffel	=	5 ccm
1 Eßlöffel	=	15 ccm
1 Likörglas (voll)	=	25 ccm
1 Cocktailglas	=	50 ccm.

Mini-Bar

16 Mixvorschläge zum Üben

Martini-Cocktail

5 cl Gin
1 cl trockener Wermut.

Die Zutaten über Eiswürfel in ein Rührglas geben, gut vermischen und in ein gekühltes Cocktailglas abseihen. Eine Olive mit Stein ins Glas legen. Eine Zitronenschale über den fertigen Drink einmal ausdrücken.
Gibt man statt der Olive eine Perlzwiebel in den Drink, wird aus dem Martini ein Gibson.
Verwendet man in der gleichen Proportion Wodka statt Gin, so haben wir mit Olive einen Wodka-Martini, mit einem Zwiebelchen einen Wodka-Gibson gemixt.

Pink Gin

5 cl Gin
2 Spritzer Angostura bitter

1 gekühltes Cocktailglas mit etwas Angostura ausschwenken und eiskalten Gin hineingeben.

Manhattan Dry

2 Dash Angostura
4 cl Bourbon
2 cl trockener Wermut

Die Zutaten in ein Rührglas mit Eiswürfeln geben, vermischen und in ein gut gekühltes Cocktailglas abseihen.
Nimmt man statt Bourbon einen Scotch Whisky, wird aus diesem Rezept ein Rob Roy Dry.

Wermut Cassis

5 cl trockener Wermut
1 cl Crème de Cassis

In jedes Glas etwas Würfeleis geben, die Zutaten darübergießen, 1 Flasche Sodawasser separat dazu anbieten. Mit etwas Zitronenschale abspritzen.

Kir Cassis

1 cl Crème de Cassis
10 cl trockener Weißwein

Cassis in einen Sektkelch geben und mit dem kalten Wein auffüllen.

Mini-Bar

Kir Royal

1 cl Crème de Cassis
trockener Sekt oder Champagner

Cassis in einen Sektkelch geben und mit dem kalten Champagner oder Sekt auffüllen.

Jack Rose

5 cl Calvados
1 cl Grenadine Sirup
2 cl Zitronensaft

Mit Würfeleis im Shaker gut durchschütteln und durchs Barsieb in ein Cocktailglas abseihen.

Daiquiri

5 cl weißer Rum
2 cl Zitronensaft
1 cl feinster Streuzucker

Die Zutaten im Shaker mit Eis gut durchschütteln und in ein Cocktailglas abseihen.

Mini-Bar

Gin Tonic

4 cl Gin
Tonic Water

Eiswürfel in ein Longdrinkglas legen, den Gin darübergießen, Tonic Water separat servieren, ½ Zitronenscheibe in den fertigen Drink geben.

Screwdriver

4 cl Wodka
10 cl Orangensaft

Eiswürfel in ein Longdrinkglas legen, den Wodka darübergießen, mit dem Orangensaft auffüllen. Gut umrühren.
Ersetzt man den Wodka durch Gin, gibt es einen Gin Orange, ersetzt man ihn durch Campari, einen Campari Orange.

Cuba Libre

4 cl weißer Bacardi Rum
3–4 Dash Zitronensaft
10 cl Cola

Bacardi in ein mit Eiswürfeln gefülltes Longdrinkglas gießen, Zitrone dazugießen, mit Cola auffüllen, leicht umrühren und ½ Zitronenscheibe in den Drink geben.

Mini-Bar

Singapore Sling

4 cl Gin
2 cl Cherry Brandy
2 cl Zitronensaft
1 Dash Angostura

Die Zutaten gut schütteln und in ein mit Eiswürfeln gefülltes Glas geben. Mit etwas Sodawasser abspritzen, mit Zitronenscheibe, Cocktailkirsche oder einem Zweig frischer Minze garnieren.

Planter's Punch

3 cl weißer Bacardi Rum
3 cl Jamaica Rum
3 cl Orangensaft
6 cl Ananassaft
1 cl Grenadine Sirup

Alle Zutaten mit Würfeleis gut schütteln und in ein Longdrinkglas geben.
Dieses Rezept kann man auf verschiedene Arten abändern: Statt Ananassaft kann man Mango-, Maracuja- oder Papayasaft nehmen.
Den Orangensaft kann man ganz oder teilweise durch Zitronensaft ersetzen. Es sollte aber immer eine Mischung aus süßen und sauren Säften sein. Soll der Drink stärker werden, mehr Jamaica Rum nehmen.

Pharisäer

2 Barlöffel Zucker
4 cl Jamaica Rum
1 Tasse Espresso
2 Eßlöffel Sahne, geschlagen

Rum und Zucker in ein vorgewärmtes Glas geben, mit dem heißen Espresso auffüllen und mit einer Sahnehaube garnieren.

Hot Gin Toddy

4 cl Gin
2 cl Zitronensaft
1 Barlöffel feinster Zucker
2 Nelken
1 Stückchen Zimtstange

Gin, Zitronensaft und Zucker in einem feuerfesten Glas vermischen und mit kochendem Wasser auffüllen, Nelken und Zimt dann dazugeben.

Mini-Bar

Hot Milk Punch

4 cl Cognac
1 Barlöffel Zucker
heiße Milch
Muskat

Cognac mit Zucker vermischen und mit heißer Milch auffüllen. Etwas Muskatnuß über das fertige Getränk reiben. Besonders gut gegen Erkältungen.

Eigene Drinks 303

Mini-Bar

Mini-Bar

Sachregister

A

Ahornsirup 238
Ananas 67
Anchovispaste 195
Apfel 23, 29, 33, 61, 68, 89, 108, 110, 115, 129, 177, 235, 181, 187, 222
Apfelkorn 33
Apfelsine 200
Apfelsinensaft 188
Aprikosenmarmelade 129
Aromat 133
Aubergine 136
− gebraten 250
Avocado 15

B

Backpflaumen 230
Backpulver 238
Bacon, siehe Frühstücksspeck
Banane 61, 110, 198
Basilikum 56, 58, 69, 97, 102, 106, 124, 153, 198, 205, 209, 279
Beefsteak, deutsches 107
Beifuß 280
Birnen 233
Blumenkohl 143
Blutwurst 108
Bohnen
− dicke 131
− grüne (Brechbohnen) 141, 142
− rote (Kidney beans) 85
− weiße 66

Bohnenkraut 78, 141, 142, 280
Borretsch 88, 153, 280
Bratensaft (Bratenfond) 215
Broccoli 199
Bückling 97
Buttermilch 62, 238
Buttermischungen 195–198
Butterschmalz 97, 112, 179, 184

C

Cashewnüsse 225
Cayennepfeffer 280
Champignons 31, 65, 93, 97, 118, 128, 168, 172
Chicorée 24, 86, 200
Chili 281
Chilipulver 90
Chilisauce 214
Chilischote 214
Cognac 42, 52, 129, 170, 172, 228
Corned beef 35
Crème fraîche 42, 52, 67, 77, 81, 83, 102, 137, 145, 210, 212, 234
Cuba Libre 299
Curry 110, 132, 133, 172, 177, 281
− milder 198
− scharfer 198

Sachregister

D

Daiquiri 298
Dill 68, 77, 88, 136, 137, 153, 157, 196, 207, 210, 212, 231, 282
Dorsch 132

E

Eichblattsalat 199
Eier 16, 38, 39, 44, 45, 46, 47, 49, 51, 57, 59, 62, 90, 91, 98, 99, 100, 101, 109, 114, 119, 122, 126, 130, 134, 136, 137, 150, 162, 182, 184, 196, 197, 198, 203, 204, 207, 213, 214, 217, 223, 224, 238
— kochen 244
— Rühreier 246
— Spiegeleier 245
Entenbrust 183
Erbschen 42
Erbsen, frische 145
Erdbeeren 17, 34
Estragon 282
Estragonblätter 78, 144, 145, 189, 190

F

Fenchel 48, 68, 87, 111, 202, 282
Fisch
— gekochter 135
— geräucherter 38
Fleischwurst 25, 49, 70, 71, 75, 180
Forelle 161

Fruchtlikör 217
Frühlingszwiebeln 79, 116, 158, 174, 187, 225
Frühstücksspeck 165, 179

G

Gänseklein (Flügel, Hals, Magen, Herz) 226
Gänseschmalz 94
Gemüsebrühe, Instant 135
Gewürznelken 165, 170, 178, 218
Gin 43, 191
Gin Toddy, heiß 301
Gin Tonic 299
Grapefruit 26, 68
Gurke
— Gewürzgurke 25, 29, 130, 203
— Salatgurke 20, 32, 88, 157
— Salzgurke 174

H

Hackfleisch, gemischtes 85, 111, 150, 223, 224, 231
Hack, vom Rind, s. a. Tatar u. Schweinemett 120
Hähnchenbrust 225
Hähnchen, gebratenes 67
Hähnchenkeulen 110, 165, 166
Haselnüsse, geriebene 213
Hasenkeulen 228
Himbeeren 234
Himbeergeist 234
Honig 183, 235

Sachregister

I

Ingwer 283
Ingwerpulver 133

J

Joghurt 32, 200
− Magerjoghurt 210
− Sahnejoghurt 68, 157, 209
Johannisbeergelee 33
Johannisbeersaft
− roter 199, 237
− schwarzer 237

K

Kabeljaufilet 159
Käse
− Appenzeller 214
− Brie 89
− Camembert 72, 134
− Cheddar 80
− Edamer 35
− Emmentaler 36, 50, 81, 109, 119, 141, 214, 222
− geriebener 16, 46, 48, 91, 97, 98, 99
− Gouda 82, 88, 150, 182
− Handkäse 73
− Harzer 22
− Limburger 72
− Mozzarella 40, 57, 124
− Parmesan 37, 76, 86, 87, 102, 105, 121, 131, 143, 149, 159, 176, 223, 224
− Rahm 72, 74
− Romadur 20, 72
− Roquefort 21
− Schafskäse 44, 163
− Schmelzkäse 74, 84
− Schnittkäse 51
− Schweizer 75
− Ziegenkäse 163
Kalbfleisch 168
Kalbsleber 170
Kalbsschnitzel 109, 113, 114, 121, 126
Kapern 30, 195, 283
Kartoffeln
− dünnschalige 153
− gekochte 50, 90, 130, 135, 154
− halbgare 156
− neue 157
− Pellkartoffeln, kalte 173, 243
− Püree 242
− rohe 144, 146
− rohe, gewürfelt 55
− Salatkartoffeln 162, 185
− Salzkartoffeln 152, 164, 241
Kasseler 91
Kerbel 41, 88, 96, 153, 207, 283
Ketchup 165, 200, 225
Kir Cassis 297
Kir Royal 298
Kirschsaft 237
Kirschen, schwarze 234
Kirschwasser 134, 235
Knoblauch 30, 32, 39, 52, 77, 83, 95, 101, 102, 104, 105, 116, 127, 131, 132, 136, 142, 151, 157, 159, 160, 163, 191, 196, 199, 209, 230, 283
Kochwurst 146
Kohlrabi 18
Kokosraspel 177, 233
Koriander 284
Krabben 27, 52, 53, 68, 98

Krabbenfleisch 199
Kräutermischung 203
Kräuter und Gewürze 279–291
Krebspaste 42
Kresse 25, 55, 204
Kreuzkümmel 284
Küchenausstattung 269
Küchenvorräte 277
Küchenzubehör 271–276
Kümmel 185, 284
Kümmelpulver 72, 206
Kurkuma 285

L

Lachs 103
– geräuchert 137
Lammfleisch 116
Lauch 53, 91, 146, 147, 152, 164, 186, 204
Leber
– Jungrindleber 112, 229
– Kalbsleber 117, 229
– Putenleber 54
Liebstöckel 153, 192, 285
Lorbeerblatt 127, 170, 178, 180, 218, 226, 285

M

Madeira 215
Mais 28
Maiskolben 148, 232
Majoran 50, 153, 154, 223, 286
Makkaroni
– gekochte 56
– kurze 105
Mango-Chutney 201

Manhattan-Dry 297
Martini-Cocktail 296
Matjes, Filet 29, 187
Mayonnaise 200, 209
Meerrettich 20, 29, 164, 195, 220, 286
Milk Punsch, heiß 302
Mini-Bar
– Ausstattung 293–294
– Grundausstattung mit Getränken 295
– Mixmaße/Abmessungen 295
Minze 216, 286
Möhren 164, 188, 189, 226
Muscheln, gekochte 251
Muskat 45, 55, 94, 137, 143, 147, 149, 153, 182, 184, 186, 213, 219, 286

N

Nelkenpfeffer 177
Nudeln
– Nudelbeilagen 250–254
– breite 103
– gekochte 99
– grüne 101
Nüsse, gesalzene 21

O

Oliven 57
– schwarze 30, 76
Orangenmarmelade 233
Orangensaft 115
Orangenschale 160
Oregano 40, 104, 105, 121, 124, 142, 150, 163, 167, 191, 286

Sachregister

P

Paniermehl, siehe Semmelmehl
Paprika 287
Paprikapulver 72, 85, 92, 128, 134, 165, 173, 174, 218, 223
Paprikaschoten 16, 28, 48, 49, 53, 72, 75, 92, 159, 176, 187, 223
Peperoni
- gemahlene 105
- grüne 223
Petersilie 287
Petersilienwurzel 147, 164, 226
Pfeffer 287
- grüner 74, 95, 127
Pfifferlinge, siehe Pilze
Pharisäer 301
Pilze
- Austernpilze 58, 79
- gemischte 37, 219
- Pfifferlinge 37, 167, 197
- Steinpilze 83
Piment 177, 287
Pimpinelle 153
Pinienkerne 201
Pink Gin 296
Planter's Punsch 300
Porree, siehe Lauch
Preiselbeeren 29
Preßkopf 70
Putenbrust 118
Putenleber 172
Putensteak 119

Q

Quark 17, 19
- Sahnequark 18

R

Radiccio 199
Radieschen 20, 71, 157
Räucherfisch 162
Reis
- kochen 133, 201, 247
- Langkorn 133, 150, 176
- wilder 179, 238
Rhabarber 236
Rinderfilet 76, 128, 164, 167
Rindermark 125
Rindfleisch, Rouladen 174
Roastbeef 173
Rosenkohl 94, 149, 231
Rosinen 108, 198
Rosmarin 131, 165, 167, 170, 288
Rotbarschfilet 160, 163
Rote Bete 25, 77
Rotkraut 206
Rotwein 105, 170, 174, 177, 218, 228
Rum 181
Rumpsteak 125, 179

S

Salbei 289
Salbeiblätter 93, 123, 163, 229
Safran 289
Sahne 29, 56, 60, 65, 86, 89, 95, 96, 100, 103, 106, 112, 113, 118, 121, 128, 144, 147, 167, 168, 170, 172, 177, 182, 211, 213, 214, 220, 222, 230, 235
- saure 107, 111, 169, 174, 218, 228, 231
Salami 100
Sardellenfilet 57, 126

Sardellenpaste 195
Sauerampfer 289
Sauerkirschen 235
Sauerkraut 35, 82
Schalotte 77, 96, 113, 125, 177, 190, 195, 197, 198, 212
Schinken 40, 86, 144, 145, 211, 218, 232
- gekochter 46, 53, 56, 81, 109, 207
- Lachsschinken 106
- Parmaschinken 224
Schinkenerbschen 252
Schinkenspeck 47, 60, 93, 94, 120, 130, 154, 162, 167, 170, 174, 180, 182
Schmalz 115, 122, 123, 154, 169, 174
Schweinebraten, kalt 25
Schweinefilet 124, 127, 176, 230
Schweinekotelett 115, 122, 178
Schweinemett 131
Schweinenacken 177
Schweinenieren 169
Schweineschnitzel 123
Screwdriver 299
Seelachsfilet 158
Sellerie 290
- Knolle 164
- Staudensellerie 23, 205
Semmelbrösel 109, 125, 134
Semmelmehl 51, 57, 59, 86, 119, 122, 126, 143, 149, 151, 224
Senf 66, 135
- Estragon- 65, 197
- extra scharfer 112
- grober 220
- körniger 70
- milder 166
- mittelscharfer 174, 221

- Pulver 221
- scharfer 120, 203, 220
- süßer 220
Sesamkörner 34, 166, 233
Sherry 26, 74, 116
Shrimps, siehe Krabben
Singapore Sling 300
Sojasauce 53, 116, 127, 165, 168, 174, 177, 219, 225, 230
Sonnenblumenkerne 82
Spaghetti 46, 102, 104
Spargel 207
Speisestärke 112, 168, 170, 212, 215, 219, 228, 237
Spinat 208
Sülze 70
Sultaninen 181
Suppengrün 152, 218, 226

T

Tabasco 115
Tatar (siehe Beefsteak, deutsches)
Teigwaren kochen 248
Thunfisch 23, 84, 66, 104, 253
Thymian 44, 78, 84, 131, 153, 154, 169, 170, 172, 173, 191, 290
Tiefgefrieren 255–268
- Auftauen 265
- Bouillon 266
- Buletten (Vorrat) 268
- Fisch 262
- Fleisch 259
- Geflügel 261
- Gemüse 257
- Hülsenfrüchte 264
- Kohl 264
- Molkereiprodukte 256

Sachregister

- Reste 264
- Saucen 264
- Schalentiere 262
- Verpacken 265
- Vorräte 264

Tomaten 30, 43, 58, 69, 92, 95, 121, 124, 142, 150, 151, 165, 172, 191, 198, 202, 203, 205, 231
- geschälte 95, 104, 105, 163
- mark 46, 131, 142, 174, 191, 198, 218, 223

Tortellini 106

V

Vanilleeis 61
Vanillepuddingpulver 236
Vanilleschote 237

W

Wacholderbeeren 170, 228, 290
Walnüsse 235
- gehackte 56, 233
Walnußkerne, gehackt 67
Walnußöl 117

Weißwein 54, 89, 110, 168, 169, 180, 183, 184, 189, 190, 221, 222, 225, 229, 233, 236
Weizenmehl 62
Wermut-Cassis 297
Wildreis, siehe Reis

Y

Ysop 153

Z

Zimt 108, 181
- Zimtstange 237
Zitronenmelisse 67, 291
Zitronenschale 125, 160, 220, 236, 237
Zucchini 49, 59, 96, 209, 210, 254
Zucker
- brauner 61
- Puderzucker 217, 234
- Vanillezucker 129, 235
Zuckererbsen 31, 60, 78, 144
Zwieback 34
Zwiebeln 39